選ぶ。　そろえる。　合わせる。

うつわ使いが
もっと楽しくなる本。

UTSUWA KESHIKI　安野久美子 著

X-Knowledge

はじめに

　私たちの生活にとって欠かせない「食」。そのひとときをより楽しいものにしてくれるのが「うつわ」です。

　この本を手にとっていただいたということは、きっと"うつわ好き"の方だと思います。すでに日々の食卓でお気に入りのうつわを使っている方だけでなく、これからうつわを買いそろえたいと考えている方もいるかもしれません。一方で世の中には、「うつわは持っているけれど、組み合わせ方に自信がない」「作家のうつわを買ってみたいけれど、敷居が高そう」と悩んでいる向きも少なくないようです。

　本書はそのような方々に、もっとうつわのよさを知っていただき、もっと楽しく、もっと気軽に使ってもらいたいという思いで作られました。

　ふんだんに掲載されたうつわ使いの例を通して、どのようなうつわがあるのか、どのようなうつわを選べばいいのか、どのように用いればいいのか、どのように普段の料理に合わせればいいのか――それらのポイントやアイデアをわかりやすく紹介しています。難しいことを考えずとも、この本を参考にするだけでいつもの食卓がより素敵になることでしょう。

　うつわに関心を持ったばかりの方も、入門者向けにうつわの知識をていねいに解説してあるのでご安心ください。個性溢れる作家もののうつわに魅力を感じている方は、きっとお気に入りの作家が見つかることでしょう。紙面には、伝統的な和の要素を現代的なデザインとして取り込んだ「和モダン」のうつわがたくさん登場します。

　陶磁器が焼き上がったときに見せる表情のことを、「景色」と呼ぶことがあるそうです。加えて私は、うつわに料理を盛り付け、それらが食卓に並び、人が食事をする風景を「景色」と捉えています。そこにはうつわと、料理やおもてなしの心が織りなす"ときめき"があります。

　この本が、みなさんにとって心ときめく景色づくりの一助になれば幸いです。

　最後に。

　快くご協力をいただいた作家やインスタグラマーの方々、デザインを手がけられた（デザイナー時代の師でもある）長健司さん、担当編集者の新谷光亮さん、香川智恵さん、ゆうこさん、そして最愛の子どもたちと亡き夫に感謝いたします。

UTSUWA KESHIKI
店主　安野久美子

手仕事によるうつわと食の道具を
取り扱うギャラリー。来店は、メー
ル／Instagramのダイレクトメッ
セージ／電話による事前予約制。

Address
〒107-0052
東京都港区赤坂9-2-13
ninetytwo13-205号

Tel
03-6431-0047

Mail
keshiki@brera.jp

HP
http://www.utsuwa-keshiki.com

Webshop
http://www.utsuwa-keshiki.net

Instagram
https://www.instagram.com/
utsuwa_keshiki

Contents ├──────────────────────

Chapter **1**

うつわのきほん ·········10

うつわ使いの
セオリー 20 ……… 28

Contents

Chapter 4

人気インスタグラマーに学ぶ

うつわコーデの
アイデア 10 ……… 114

デザイン …………… kinds art associates
表紙イラスト ……… 松本 知彦
表紙写真 …………… 谷本 夏（studio track72）
本文イラスト ……… 稲葉 圭一郎（esora-graph）
本文写真 …………… 持城 壮
編集協力 …………… 香川 智恵／ゆうこ
印刷 ……………… 図書印刷株式会社

【参考文献】
『わかりやすく、くわしい やきもの入門』
仁木正格／主婦の友社
『季刊 陶工房No.96』／誠文堂新光社
『別冊Discover Japan DESIGN 完全保存
版 うつわの教科書』／枻出版社

うつわのきほん

うつわをそろえたり、合わせたりする前に、
まずは知っておきたい素材やサイズ、
各部名称、形、釉薬、装飾、メンテナンス方法など、
うつわについての基本を解説します。
うつわ入門者はぜひ一読ください。

素材

うつわの素材はさまざま。

それぞれ特性があり、質感など見た目にも違いがあります。

それらを知ったうえで、うつわを使い分けましょう。

陶器 ｜ 自然に採れる土（主に粘土）が主な原料で、「土もの」とも呼ばれます。信楽、備前、益子などが産地として知られています。

- ☐ 土のぬくもりが感じられ、
  素朴で温かみがある質感。
- ☐ 水を吸いやすい
  （釉薬で耐吸水性を高めている）。
- ☐ 厚手だが、
  磁器に比べると割れやすい。
- ☐ 熱が伝わりにくく、冷めにくい。
- ☐ 経年変化が楽しめる。

磁器 ｜ 陶石と呼ばれる岩石が主な原料で、「石もの」とも呼ばれます。瀬戸、九谷、有田などが産地として知られています。

- ☐ 硬質でガラスのように
  なめらかな質感。
- ☐ 水を吸いにくく、
  色やにおいが染み込まない。
- ☐ 薄手で軽いが、
  陶器に比べると丈夫。
- ☐ 熱が伝わりやすく、冷めやすい。
- ☐ 色鮮やかな絵付けが
  施されているものも多い。

半磁器（炻器）

土と石を合わせた原料で作られ、陶器の風合いと磁器の強度を併せ持ちます。

- ☐ 陶器に比べると水を吸いにくく、色やにおいが染み込まない。
- ☐ 電子レンジや食洗機などでも使えるものが多い。

漆器

落葉高木の漆（うるし）から採れる樹液を加工し、木地などに塗り重ねたうつわ。海外で「Japan」とも呼ばれるなど、日本を代表する工芸品です。

- ☐ 熱が伝わりにくく、冷めにくい。
- ☐ 水を吸いにくく、色やにおいが染み込まない。
- ☐ 軽いが、丈夫で割れにくい。
- ☐ 防腐性、抗菌性に優れる。
- ☐ 艶があり見た目に美しい。

木工

木材を彫り削って形作ります。材料となる樹木の種類によって、風合いや、硬さなどの性質が変わります。

- ☐ 熱が伝わりにくい。
- ☐ 水を吸いやすく、においが染み込みやすい。
- ☐ 軽い。
- ☐ 天然素材のぬくもりを感じられる質感。

ガラス

石を細かく砕いた珪砂（けいさ）と、草木を燃やしてできるソーダ灰に石灰を組み合わせ、高温で溶かして形成します。

- ☐ 熱が伝わりにくい。
- ☐ 水を吸いにくく、色やにおいが染み込まない。
- ☐ 極端な熱の変化に弱く、割れやすい。
- ☐ 透明でなめらかな質感。

サイズ

和食器（主に丸皿の場合）では、大きさを「寸」で表します。1寸はおよそ3cm。例えば5寸皿は、直径が15cm程度の大きさの皿となります。

※写真はほぼ実寸です。

大皿 9寸（約27cm）

大皿 8寸（約24cm）

中皿 7寸（約21cm）

中皿 6寸（約18cm）

小皿 5寸（約15cm）

小皿 4寸（約12cm）

豆皿 3寸（約9cm）

大勢に取り分ける大皿料理はもちろん、お鍋の具を盛るときなどにも使えます。

3〜4人分の主菜の盛り付けや、ワンプレート用として適しています。

1人分の主菜用として活躍。パスタや、深さがあればカレーライスなどにも使えます。

取り皿としておすすめのサイズです。サラダや食パンをのせても◎。

小さめの取り皿として、あるいはケーキなどをのせてもちょうどいいサイズ感。

おひたしなどの副菜や、ちょっとしたお菓子や果物に使える大きさ。

醤油を入れたり、薬味や香の物をのせたりと、いろいろ出番が多くなります。

部位 の名前

人の身体の「頭」「胴」「足」などと同じように、
鉢や皿の各部位にも名前があります。
ここでは、うつわを入手するときに知っておくと役に立つ、
基本的な部位の名前を紹介します。

口・口縁（こうえん）・口辺り（くちべり）

うつわの縁の部分。皿の場合は「リム」とも呼びます。
直接口をつけるうつわの場合は、この部分の形や厚み
によって口あたりが変わります。

胴（どう）

口縁の下から腰ま
での部分。平たい
皿には胴や腰という
部位はありません。

腰（こし）

胴から高台脇までの部分。腰が張り
出していない形状の場合は、胴と腰
の区別がつきにくいこともあります。

**高台脇（こうだいわき）・
高台際（こうだいきわ）**

うつわの腰から高台までの部分。
釉薬のかかり具合や削り方などで
作者の個性が出るため、高台と
併せてうつわの見どころのひとつ
ともいわれています。

縁付きの皿のことを「リム皿」、
縁の幅のことを「リム幅」といいます。

リムの幅やデザインによって、
お皿の表情が違ってきます。

グラタン皿などの持ち手部分は
「耳」と呼びます。

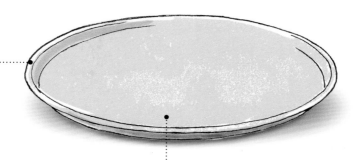

見込み（みこみ）

一般にうつわの内側全体を指しますが、茶碗や
鉢では内側の中央部分を指す場合もあります。

皿には高台があるものとないものが存
在します。大きな鉢や皿のなかには、安
定性を高めるために高台が二重になっ
ているものもあります。

皿に高めの高台が付くと
コンポートとなります。

畳付（たたみつき）

高台の接地部分。

高台（こうだい）

うつわの底に付いている
台。元来うつわの安定を
保つための部位ですが、入
れたものの熱を直接伝え
ない役割もあります。

高台内（こうだいない）

高台の内側。

かたち

和食器には実にさまざまな形のものがあります。
盛り付ける料理や食材によって使い分けるのはもちろんのこと、
食卓に彩りを添えるため見た目で選ぶのもうつわの楽しみ方です。

皿・鉢

> 浅くて平たいうつわを「皿（プレート）」、皿より深くて碗より浅いう
> つわを「鉢（ボウル）」と呼びます。ただ、両者に明確な線引きはなく、
> 作り手の意向などによって呼称が決められることがほとんどです。

角

「四方」と呼ばれる正方形や、
「長角」などの長方形のうつわがあります。

丸

なじみ深い正円のうつわ。
もっともオーソドックスな形といえるでしょう。

オーバル

卵形・長円形・楕円形の
うつわ全般の呼称です。
料理の盛り付けがしやすい形です。

多角形

シャープな雰囲気が特徴の
五角形、六角形、八角形などのうつわです。

縁付き（ふちつき）

口縁に幅のある縁が付いている形状です。
「リム」とも呼ばれます。

輪花
りん か

口縁部に規則的な切込みを入れ、
菊や梅など花の花弁を模した形です。

稜花
りょうか

輪花と同様、
花の花弁を模した形ですが、
花びらの先が尖っています。

木瓜
もっこう

日本の家紋、
「木瓜」を
モチーフにした形です。

入り隅

隅切り
すみ き

角型のうつわの四隅を直線的に落とした形。
四隅が内側に食い込んだ「入り隅」もあります。

台皿

表面が平らで立ち上がっており、
台のように厚みのある皿です。

すり鉢

見込みにすり目が入った鉢です。
食材を棒ですりつぶすために使います。

銅鑼鉢
ど ら

底が平らで
口縁が立ち上がってる
浅めの鉢です。

椀・碗

ご飯や汁ものなどを入れる、深さのあるうつわです。
手で持っても熱くないように、高台が付いています。

飯碗

ご飯を盛るための
うつわです。
茶碗とも呼ばれます。

汁椀

汁ものをよそううつわです。
木で作られたものを「椀」、
陶磁器を「碗」と書きます。

どんぶり

ご飯とおかずを合わせた、
いわゆる「丼もの」をよそううつ
わです。

ふた付き

料理が冷めづらいように
ふたを付けたうつわです。

カップ

飲みものや汁ものを
入れるうつわです。

スープカップ

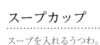

スープを入れるうつわ。
持ち手がないものや
耳付きのものは
スープボウルと呼ばれます。

フリーカップ

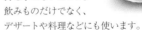

持ち手のないカップ。
飲みものだけでなく、
デザートや料理などにも使います。

マグカップ

持ち手付きの
大きめのカップです。

カップ＆ソーサー

持ち手付きのカップと
受け皿のセットです。

そば猪口

元来そばつゆを入れるうつわですが、
湯呑みや小鉢代わりにも使われます。

茶器 | 日本茶を淹れたり、飲んだりするためのうつわです。

急須（きゅうす）

持ち手と注ぎ口が付いた
お茶を淹れるためのうつわです。

湯呑み

湯呑み茶碗の略称。
縦長で筒型のお茶を飲むための
うつわです。

土瓶
上部につる（持ち手）が
付いたうつわ。
主に多人数に
お茶を淹れるときに用います。

くみ出し
口が広く浅めの茶碗で、
茶托にのせて出します。
主に来客用として用いられます。

湯冷まし
急須に入れる前に、
沸騰した湯の温度を下げるためのうつわです。

酒器 | お酒を注いだり、飲んだりするためのうつわです。

片口
片方に注ぎ口が付いた
うつわです。
そばつゆを入れたり水差しにも。

徳利（とっくり）

首が細く、胴が膨らんだ、
酒を注ぐための容器です。

盃（さかずき）

お酒を飲むための
薄くて平たいうつわです。
祝いの席では漆器が使われます。

お猪口（ちょこ）
お酒を一口で
飲み干せる程度の
小さめのうつわです。

ぐい呑み

お酒を飲むための
大きめのうつわで、
厚手のものが多いです。

ゴブレット

ビールやワインなど
洋酒用の脚付きの
グラスやカップです。

釉薬

「ゆうやく」または「うわぐすり」と読みます。
素焼きの陶磁器の表面を覆うガラス質の被膜です。
耐久性・耐水性を高め、光沢や色などの釉調によって
見栄えをよくする役割があります。

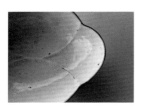

透明釉

素地の色をそのまま生かす、無色透明な釉薬。例えば白磁は、白い素地に透明釉をかけて高温で焼成します。

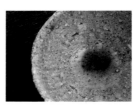

灰釉（はいぐすり・かいゆう）

樹木の灰を主原料とした伝統的な釉薬。天然灰の主成分はカルシウムで、樹木によって成分が異なり釉調も変わります。

マット釉

艶消しの釉薬。釉薬のなかの溶けきっていない成分が細かい結晶となることで、光沢のない見た目となります。

青磁釉（せいじゆう）

還元炎焼成※されると、わずかに含まれる鉄分によって青く発色する釉薬。鉄分が少ないと淡い青、多いと緑色となります。

瑠璃釉（るりゆう）

透明釉に酸化コバルトを加えて作る釉薬。瑠璃色と呼ばれる、宝石のような深みのある青色や紺色に発色します。

トルコ青釉

エジプトが起源といわれるアルカリ釉に銅を加えた釉薬。酸化炎焼成によって、鮮やかな青の発色となります。

織部釉（おりべゆう）

灰釉に酸化銅を加えた釉薬。銅緑釉とも呼ばれ、酸化炎焼成すると緑色に発色します。灰の種類によって色味が異なります。

飴釉（あめゆう）

透明釉に酸化鉄を混ぜて作る釉薬。飴のように艶のある質感。酸化炎焼成すると茶褐色、還元炎焼成で黒っぽくなります。

黒釉（こくゆう）

黒に発色する釉薬。写真の黒マット釉は、酸化炎焼成で艶消しの黒に、還元炎焼成でいぶし銀調になります。

※：陶磁器の焼き方には、酸素を十分に送り込んで完全燃焼させる「酸化炎焼成」、酸素が少ない状態で不完全燃焼させる「還元炎焼成」の2種類があります。

ブロンズ釉

マンガンや銅を含む釉薬で、橙色がかった茶色に発色します。焼成によっては鈍い輝きを放つ金色にもなります。

錆釉 (さびゆう)

錆びた金属のような風合いに焼き上がる釉薬。写真は黒茶色ですが、青く発色する青錆釉などもあります。

志野釉 (しのゆう)

長石を主成分とした釉薬。乳白色に発色し、素地に含まれる鉄分と作用して赤みや小さな穴が現れるのが特徴です。

釉薬が見せるさまざまな表情

貫入 (かんにゅう)

焼成時に膨張した素地と釉薬が、冷えて収縮する際に表面に生じるひび。釉薬の内側に入るもので、素地のひび割れではありません。意図的に貫入を施したうつわも多く、写真のように色を塗り込んで貫入を際立たせる手法もあります。

鉄粉 (てっぷん)

素地や釉薬に含まれる鉄分が焼成時に酸化し、表面に褐色や黒い小さな穴として現れたもの。「ほくろ」とも呼ばれます。量産品は精製土を使用するため鉄粉はほとんど出ませんが、作品によっては、あえて鉄粉を装飾として施すことがあります。

ピンホール

うつわの表面に見られる、針で刺したような穴のこと。素焼きした素地に含まれた空気が、釉薬をかけて焼くことで気泡となり、表面に小さな穴ができます。釉薬を使ったときに見られる自然現象ですが、これを手作りの味として生かすこともあります。

自然釉

釉薬をかけずに、高温で焼成した焼きものを「焼締め」と呼びます。この焼締めの工程で、薪の灰が表面にかかり、灰の成分が素地に含まれる成分と化合して釉薬をかけたような質感となることを「自然釉」といいます。

装飾

メイクやファッションのように、
うつわも装飾を施されることで美しく個性的な見栄えとなります。
装飾方法は、彫りや刻み、釉薬、絵付けなどさまざまです。

刷毛目（はけめ）

刷毛で白い化粧土を塗って透明な釉薬をかけた技法。刷毛の塗り跡をそのまま生かした躍動的な装飾です。

粉引（こひき）

素地に白い化粧土をかけ、さらに透明釉をかけてから焼く技法。あたたかみのある白の質感が特徴です。粉吹（こふき）とも呼ばれます。

三島（みしま）

表面に文様を彫ったり、印花（スタンプのようなもの）を施したりした部分に白土を埋め込む技法。三島手（みしまで）とも呼ばれます。

鎬（しのぎ）

厚めに成形したうつわの表面を、彫刻刀のような道具で削る技法。削り出された跡が美しい装飾です。

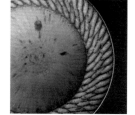

銀彩（ぎんさい）

銀を用いた技法。銀は酸化することで黒ずみますが、これが味となるので経年変化を楽しめます。

イッチン

「イッチン」と呼ばれるスポイトのような道具で釉薬や化粧土を絞り出し、盛り上がった文様を描く技法です。

染付 (そめつけ)

素地にコバルトを主原料とした顔料（呉須）で絵付けして、その上に透明釉をかけて焼く技法。和食器でよく見る藍色の絵付けです。

色絵 (いろえ)

透明な釉薬をかけて本焼きした上に、絵の具で模様を描き、さらに低めの温度で焼く技法。豊かな彩りが特徴です。

掻き落とし (かきおとし)

素焼き前に表面に化粧土を塗り、時機を見計らって彫る（掻き落としする）ことで、絵柄や文様を浮き立たせる技法です。

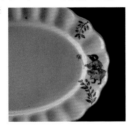

飛び鉋 (とびかんな)

ろくろを回しながら工具（カンナ）の刃先をあてて化粧土を削ることで、規則的な模様を作り出す技法です。

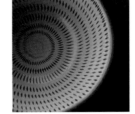

面取り (めんとり)

成形後に表面を削って多面的にする技法。縦方向だけでなく、横方向や斜めに削ぎ落とす場合もあります。

スリップウェア

古くからヨーロッパなどで見られた、スリップ（水と粘土を混ぜ合わせた化粧土）を用いた装飾技法です。

メンテナンス

お気に入りのうつわは、大切に使って長く付き合っていきたいもの。
そのためには、日々どのように扱って、
どのようなお手入れをすればいいのか、その方法を解説します。

はじめて使う前に　～目止め～

陶器・土鍋など「土もの」といわれる吸水性の高いうつわは、使いはじめる前に「目止め」をしておくと、汚れやにおいがつくのを防げます。

［目止めの方法］
鍋に米のとぎ汁（もしくは小麦粉か片栗粉を溶いた水）を張って目止めするうつわを浸し、火にかけて沸騰させます。沸騰したら火を止めてそのまま冷まし、ぬめりを洗い流してよく乾かします。

日々のお手入れ

吸水性のある陶器（特に釉薬がかかっていないもの、粉引、貫入など）は、使い込むにつれ色やにおいが染みついてしまいます。できるだけ最初の状態を保つには、料理を盛り付ける前に5分ほど水に浸してから使うようにすると、汚れやにおいがつきにくくなります。

うつわを使った後は、やわらかいスポンジで食器用洗剤を付けて洗い、よくすすぎます。洗った後は、しっかり乾燥させることが大切。目の粗い土鍋は、たわしを使って汚れを落とし、すぐに洗い流してよく乾燥させます。

オーブンやレンジ、食洗機の使用

	陶器	磁器
電子レンジ	×	○
オーブン	×	
直火	×	
食器洗浄機	×	△

表は一般的な用法です。電子レンジ、オーブン使用の可不可は、うつわによっても異なるので、購入時に確認するようにしましょう。また、磁器のなかには食器洗浄機で使えないものもあるので注意が必要です。

やってはいけないこと

✕ 長時間のつけ置き

吸水性の高い陶器を洗い桶に長時間つけ置きすると、汚れを吸ってカビやしみの原因になってしまうことも。陶器だけでも先に洗うようにしましょう。

✕ かたいスポンジで洗う

かたいスポンジは、陶器や磁器には不向き。表面に傷をつけてしまったり、最悪その傷から破損してしまうこともありえます。

長く使うために

においがついたら…

水を張った鍋にうつわを入れて煮沸すると、においが取れることがあります。

油じみや色がついたら…

食器用漂白剤に浸してから洗います。頑固なしみは煮沸を試してみましょう。

欠けてしまったら…

微小な欠けであれば、尖っている部分を布ヤスリなどで滑らかにして使い続けましょう。

割れてしまったら…

割れた部分を漆で接着し、金などの金属粉で装飾して補修する「金継ぎ」という方法があります。金継ぎの専門店もありますが、自分で補修できる金継ぎセットも市販されています。

Chapter 2

うつわ使いの
セオリー 20

どのようなうつわをそろえて、どのように組み合わせればいいのか、
悩む人も少なくありません。
そんな方々のために、
こうすれば食卓が素敵に見える、料理が映える、
という20のセオリーを紹介します。

「和食使い」7つの神器。

日本では、実にさまざまなお料理が食卓にのぼります。しかし、それらに合ったうつわをたくさん買いそろえるのでは保管場所に苦労しますし、お財布の中身も心配。そこで「これだけあれば十分！」といううつわを厳選しました。まずは、普段和食が多いという人にとっての「神うつわ」7種をお教えしましょう。

大皿（8寸）

大皿料理や、おかずやご飯を一皿に盛り付けるワンプレートに最適。パスタやカレーライスをよそうことも考慮して、リムが立ったものを選びましょう。

粉引しのぎ8寸プレート　大原拓也

中皿（7寸）

おかず用としてよく使われる中皿は、何種類かあると重宝しますが、一枚に絞るのならばリム付きの7寸皿です。

グレー釉 ラッフルプレートM　古谷浩一

角皿（横24×縦16cm）

和食に欠かせない焼き魚用の長皿ですが、サラダや洋食にも使い回しの効く角皿をセレクト。

黒錫長角皿　大浦裕記

中鉢（5寸、高さ約6cm）

煮物や汁気のあるおかず用の中鉢は、鍋料理の取り皿や小丼としても使える、これくらいのサイズ感が好ましいです。

安南手鉢　市野吉記

小鉢・小皿（4寸、高さ約4cm）

香の物や醤油などを入れる豆皿・小皿は、やや深さがあるものが鉢としても使えるのでおすすめです。

馬たらい豆皿　荒賀文成

汁椀（直径約10cm、高さ約7cm）

少しでもうつわの数を減らしたい人は、スープや飲み物にも使えるフリーカップを汁椀に用いてはいかがでしょう。

鉄釉 しのぎカフェオレボウル　加藤祥孝

飯碗（直径約11.5cm、高さ約7.5cm）

ここではあえて汁椀と印象を変えるため、腰から口縁にかけて直線的なフォルムの飯碗を選びました。

しのぎ飯碗 黒　山本雅則

▎基本の和膳の組み合わせ。

和食の基本ともいえる、角皿＋中鉢＋小鉢＋飯碗＋汁碗のうつわ合わせ。和食
中心の暮らしなら、毎日使う飯碗と汁碗は特にこだわりたいもの。見た目はも
ちろん、手にしたときのなじみ具合、汁碗なら口あたりも大切。副菜用のうつ
わは、汁気のある料理を入れられる少し深さのあるものを。

▎大皿は「和んプレート」で活躍。

洋食での出番が多く感じられる大皿ですが、
8寸皿は和食のおかずやご飯を盛り付ける
「和んプレート」(「和食」と「ワンプレート」
を組み合わせた造語)を楽しむにもちょう
どいいサイズ。

おかずプレートにもなる角皿。

このサイズの角皿は、焼き魚だけでなく、いろいろな料理に使えるのでとても重宝します。ここでは和食のおかずプレートとして用いていますが、右ページ上段ではバゲットをのせただけでも様になっています。

中鉢を小丼に見立てて。

この中鉢のように見込みが広いと盛り付けやすく、小丼に見立てて使えます。ベトナムから伝わった「安南手」という技法の中鉢なので、和食のみならずガパオライスなどアジア料理との相性も◎。

▌「合わせやすさ」で選んでみるのもよし。

ここで選んだ7種類のうつわは、洋食使いも問題ありません。主菜や副菜、
サラダ、スイーツなど出番の多い中皿は、ほかのうつわとの合わせやすさを
考え、形や色がシンプルなものをまず最初にそろえるのが無難です。

▌大皿を使った
▌レイヤードスタイル。

大皿にスコーンとフルーツを盛り
付け、カフェオレを注いだフリー
カップをのせた重ね使いです。こ
のうつわ合わせは、朝食のワンプ
レートにも応用できます。

「洋食使い」７つの神器。

ここでは「私は洋食派！」という人のための「神うつわ」7種を紹介します。最近の人気作家が手がけるうつわは、「和」の技巧を凝らしながらもデザインが洗練されており、「洋」の雰囲気をまとっているものも多いです。ここでは、洋食の盛り付けやすさや、使い回しも考えてセレクトしてみます。

深さのある大皿
（8寸、高さ約 5cm）

シチューやポトフ、スープパスタなどに欠かせないのが、深さのある大皿。リム幅が広いと料理を盛り付けた際に自然と余白が生まれ、センスよく見えます。

リム深皿 リム太 rm-5　su-nao home

大皿（8寸）

洋食の定番、ハンバーグやステーキを盛り付けるのはフラットな大皿。飾り縁にアクセントがあると、料理も映えます。

三島 8寸皿　マルヤマウエア

中皿（6寸）

取り皿や副菜用として中皿をそろえましょう。6寸程度のサイズ感が使いやすいです。

錆釉 彫刻皿 6寸　古谷浩一

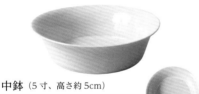

中鉢（5寸、高さ約 5cm）

煮込み料理や具だくさんスープ、グラノーラ、ヨーグルト、サラダなどボウルの活躍シーンは多いです。

白錫 サラダボウル　大浦裕記

小鉢（4寸、高さ約 2.5cm）

洋食主体で使う小鉢は、さほど深さがない、小皿としても使えるものをおすすめしたいです。

リム小鉢　はしもとさちえ

スープカップ
（直径約 11.5cm、高さ 5cm）

取っ手付きのスープカップは、紅茶やカフェラテを注いでよし、小鉢代わりに使ってよしの優れもの。

スープカップ 水色　寺嶋綾子

そば猪口
（直径 8.5cm、高さ約 7cm）

そば猪口は、飲み物やデザート、スープなどを入れるフリーカップとして、または小鉢としても使える万能選手。

そば猪口 ライトブルー　トキノハ

▎大皿と中皿は相性を考えて。

見栄えよくするには「余白を意識する」ことが大切です。余白をとりながらメインディッシュと付け合わせを盛り付けられる平らな大皿は、マストアイテム。大皿との併用が多い中皿は、色合いや形などニュアンスをそろえるほうがよいでしょう。

▎洋食王道の「3点セット」は押さえたい。

パスタ、副菜、スープの3点セットは洋食の定番といえます。皿のリム幅が広めなので、普通に盛り付けるだけで自然と余白ができ、パスタも映えます。このサイズの小鉢は、サラダや副菜にちょうどいいサイズ感。

呼称にとらわれず自由に使う。

口縁の立ち上がったサラダボウルは、シチュー皿としても使えます。ではサラダはどうするか？　スープカップがサラダボウルの役割を果たしてくれます。呼称にとらわれずに、うつわの使い方を考えるのがポイントです。

▌深めの大皿を丼代わりに。

パスタで使った3点セットを、カオマンガイが主役のエスニック料理に使い回し。深めの大皿はご飯ものにも重宝します。具だくさんのスープを入れることを考えて、スープカップは大きめを選ぶといいでしょう。

▌洋風の装いも和風の装いもお任せ。

ここでおすすめしているうつわはモダンな雰囲気ですが、もちろん和食使いも素敵です。汁気のない天ぷらそばは平らな大皿に。サラダボウルにはお寿司を盛り付け、笹の葉のしつらえで和を演出しています。

▌8寸・6寸コンビは サイズ差が ちょうどいい。

P.35上段で取り上げた8寸皿と6寸皿のサイズ差は食卓に並べるとバランスがいいので、パンなどの軽食にも使いたい組み合わせ。そば猪口はフリーカップとして使い、ヨーグルトを入れました。

ビギナーも安心。
「おそろコーデ」なら間違いない。

うつわ合わせの基本原則は「そろえる」こと。形や色、装飾が似通ったものを合わせれば、まず間違いはありません。ここでは、ポトフを盛り付けたしのぎリムの丸皿を主役に、その小皿や丸い形のラッフル（ひだ飾り）プレートを添えて、形と装飾でそろえました。

① しのぎリム皿 大（白）　山本雅則

② しのぎリム皿 小（黒）　山本雅則

③ グレー釉ラッフルプレートS　古谷浩一

④ 曲げ盆 特大（クルミ）　田路宏一

▌色でそろえる──落ち着きのある白で。

同一作家の手がける"白"でコーディネートしました。八角皿としのぎ＆銀彩という、
形も装飾もかなり個性的で違いのあるうつわ合わせ。それでも色がそろっているので
違和感がなく、落ち着いた雰囲気ながら変化を感じられます。

 Column ▌「色」「形」「装飾」どれかを合わせたらどれかを外す。

形　　　　　　　　　　　色

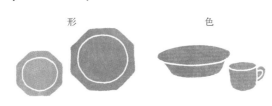

装飾

左ページのお膳では主に「形」を、右ペー
ジのお膳では「色」をそろえています。
しかし、「色」「形」「装飾」などをすべ
てそろえてしまうと、無個性で退屈な見
た目に…。
すべての要素を同じにするのではなく、
色をそろえたら形に違いをもたせる、装
飾をそろえたら色を変える、というよう
に"外す"のがポイント。無難になりが
ちなおそろコーデから脱却しましょう。

はじめの一枚は
「オーバルプレート」。

お気に入りの作家に出会い、まずどのうつわを買お
うか悩んだときはオーバルプレートがおすすめ。見
た目に新鮮味があり、ワンプレートなどで使うとき
も盛り付けしやすく、食卓の省スペース化にも貢献、
和・洋・中どんな料理でも活躍、といいことだらけ！

オーバル皿（にび色）　うつわ うたたね

▍オーバルなら盛り付けがラク。

ワンプレートの盛り付けが苦手、という人は一度
オーバルを使ってみてください。丸皿はどこから
盛り付ければよいか案外難しいのですが、オーバ
ルは軸となるラインを決め、それに沿って料理を
配置するだけでもきれいな盛り付けになります。

▍オーバルなら省スペース。

丸いうつわを食卓に並べると、どう
しても場所を取ってしまいがちで
す。その点、オーバルプレートなら
うつわとうつわの隙間にすっと収ま
るので省スペース。品数が多いとき
に活躍します。

▍オーバルなら使い勝手も◎。

できればオーバルのうつわは深めと浅めのものを用意しておくと便利。深めのもの
はカレーやスープパスタ、煮物などに。浅めのものはワンプレートやおかずプレー
ト、サラダなどに使え、だいたいの料理をカバーできます。

うつわ使い
Theory
5 | 和食の基本
「一汁三菜」のレイアウトにならう。

うつわ合わせに悩んだときは、和食の基本「一汁三菜（いちじゅうさんさい）」にならいましょう。自然とお膳のレイアウトもキマります。主菜用には、横長の焼き魚からやや汁気のあるおかずまで幅広く使えるオーバルプレートをセレクト。副菜2品はうつわを重ね使いして、香の物を添えました。

①	ナッツしのぎ飯碗　増田哲士
②	緑青正角皿（中）　堂本正樹
③	いろ安南 楕円波型輪花皿　市野吉記
④	六角小皿 市松 大　高島大樹
⑤	八角トレイ横長 チェリー　岩崎翔

┃一汁三菜とは？

和食の基本といわれるのが「一汁三菜」。これはバランスのよい献立の目安となる、汁物1品とおかず3品（主菜1品と副菜2品）から成る膳立てのことです。配膳にも決まりがあり、主食であるご飯を左手前、その隣の右手前に汁物、おかずは主菜を右奥、副菜を左奥と中央に配します。日本の伝統として受け継がれてきた一汁三菜は、栄養も食べやすさも理にかなっています。

汁物	お味噌汁、お吸い物など
主菜	魚、肉、豆腐などタンパク質がとれるおかず。刺身、焼き物、揚げ物、蒸し物、煮物など
副菜	煮物、蒸し物、和え物、煮物など
副々菜	和え物、煮物など

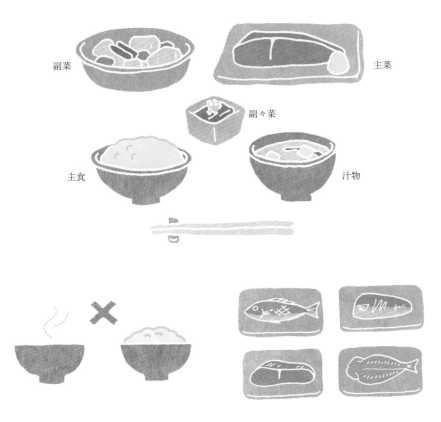

副菜 　主菜 　副々菜 　主食 　汁物

ご飯が左、汁物が右、となった理由には諸説あります。右より左を善・優位と考えるしきたりにならって主食であるご飯を左に置くようになったという説や、一般に右利きの人が多いため食べやすさを重視したという説などなど——。しかし、たとえ左利きであったとしても、配膳を逆にするのはマナーに反するので注意しましょう。

尾頭付きの魚は頭が左向き、お腹が手前になるようにします。切り身は皮が上を向くように置き、鮭などの切り身は皮が上、皮がない切り身は大きい部分が左側にくるようにします。魚の開きや干物は身を表、皮を裏にし、頭を左に向けます。

もっと自由に。
「アシンメトリー」で心躍る食卓に

「一汁三菜」の整然とした配膳もいいのですが、遊びが欲しいと感じることもあります。そのようなときは、「非対称」を意識してみましょう。ここでは"主"とする大皿を左側に置き、そのカーブに沿って"添え"の小さめの鉢・皿を配してアシンメトリーなうつわ合わせに。八角形のトレイによって、まとまりが生まれています。

1	朝顔鉢M（藍流し） 和田山真央	5	三島豆皿 額賀円也
2	Minamo2寸角皿（白） 増田哲士	6	象嵌菊形皿 中西申幸
3	錆フリル小鉢 安福由美子	7	八角トレイ（チェリー） 岩崎 翔
4	クレマ注器 髙島大樹		

▌"対称" な並べ方でも変化に富む。

左ページとは別の品ですが、八角トレイのレイアウトバリエーションです。一見非対称に思えるかもしれませんが、実は点対称のレイアウト。このように対称であっても、変化に富んだうつわ使いが可能です。

▌型にとらわれない
▌自由なうつわ合わせを。

普段の食卓では、あまり型にとらわれずうつわを並べて楽しみましょう。俵型トレイの左側にワンプレートっぽく使った大皿を、右側にあんかけや煮物など汁っぽい料理の鉢を置いた非対称なレイアウト例です。

 Column ▌「シンメトリー」と「アシンメトリー」

一般的に、シンメトリー（対称）は「静的」「安定感」「秩序」、アシンメトリー（非対称）は「動的」「躍動感」「自由」といった心理効果があるといわれています。これは、うつわのレイアウトにも当てはまります。少しかしこまった席では一汁三菜のようなシンメトリー、カジュアルな食卓では左ページのようなアシンメトリー、と使い分けてみてはいかがでしょう。

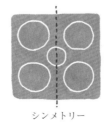

シンメトリー

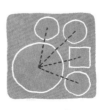

アシンメトリー

「高さ」を取り入れ空間を意識する。

　高台鉢や脚付きのうつわは使いづらそう、と敬遠する向きも少なくありませんが、普通のうつわと同じように使ってかまいません。むしろ高低差がつくことで平面的な食膳が立体的になり、普段と違う雰囲気を演出できます。例えば高台鉢に炒め煮を盛り付けて小鉢使いするだけで、食卓がよそいきの趣となります。

①	鳥遊戯画コンポート 中西申幸	⑤	青白磁稜花ちび皿 大井寛史
②	白瓷 四稜花 5寸皿 幾田晴子	⑥	白瓷 四稜花 3寸皿 幾田晴子
③	灰青釉花七宝楕円皿 L 前田麻美	⑦	一人膳（ウォルナット） 高塚和則
④	濃青釉鹿文隅入向付 田中大喜		

▎高さのあるうつわは省スペースにも貢献。

普通の鉢ではトレイからはみ出してしまうときも、高台鉢ならすっきり収まります。また、高さのあるうつわは、食膳に奥行き感を与えるため、また誤って倒さないようにするため、奥に配するのがセオリーです。

▎高台鉢をスープカップに。

「カブのすり流し汁」を高台鉢に。少し深さのある高台鉢は、このようにスープを入れてもOK。固定観念にとらわれず、自由な発想でうつわ合わせを楽しみましょう。

▎ためらわず、とにかく使ってみる。

晩酌のおつまみ、朝食のクロワッサン——コンポートもいろいろなシーンで活躍します。高さはあれど高台や脚の上にのっているのは鉢や皿。普通のうつわと同じように用いてください。

「大きさ」の対比が膳の景色を左右する。

大ぶりのオーバルプレートを主役に、愛くるしい輪花の豆皿3枚を合わせました。ワンプレートだけで完結させずに副菜を別盛りにすればコーディネートを楽しめます。あえて大小のコントラストをつけたことで互いのうつわが引き立ち、生きいきして見えます。

1　7.5寸スリム楕円皿　松本郁美
....

2　輪花豆皿（左から粉引、黒、グレー）　石川裕信
....

3　和紙貼八角盆（茶）　蝶野秀紀
....

大きさをそろえると、料理の違いが際立つ。

左ページで盛り付けたのとまったく同じ料理を、同じ大きさの角皿に盛り付けてみました。がらりと膳の景色が変わり整然とした印象になりますが、ぐっと料理の存在感が増します。対照的なうつわの色も目を引きます。

 Column | うつわの「ジャンプ率」

デザインの世界には、「ジャンプ率」という考え方があります。これは、本文の文字サイズに対する、見出しの文字サイズの比率のこと。この率が高い（差が大きい）ほど「躍動的」「にぎやか」、低い（差が小さい）ほど「高級感」「落ち着いた」といった印象を見る人に与えるという理論です。
うつわにも同じようなことがいえます。左の例はジャンプ率が低く、中央と右はジャンプ率が高いうつわ合わせ。雰囲気がだいぶ変わるので、ジャンプ率を日々のうつわ合わせに取り入れてみてはいかがでしょう。

料理の彩りが映える「黒」。

黒のうつわは、食材の色を引き立てます。特に料理の彩りが豊かなワンプレートにはうってつけ。輪花皿は盛り付けを控えめにして、花弁の意匠をできるだけ見えるようにすることが肝心。ワンプレートでは、大皿の上に小鉢・豆鉢などを置く重ね使いがアクセントにもなります。

1 黒釉輪花9寸皿　高島大樹

2 黒釉片口豆鉢　高田志保

▎効かせ色を使うのも "粋"。

うつわだけでなくトレイも黒のものをセレクト。オールブラックもシックで素敵ですが、
一つだけ花小鉢のグレイトーンを効かせて "粋" を表現。カラフルな色を効かせ色に使っ
てもおしゃれでしょう。

 Column │ ご飯の "型抜き" でフォトジェニックに。

茶碗飯やおにぎりなど、普通になりがちなごはんの盛り付け。ご飯
を型抜きにすれば、プレートに盛り付けるなどご飯茶碗なしのうつ
わ合わせが楽しめます。料理がフォトジェニックになりますし、お
もてなしの席にも使える手法です。

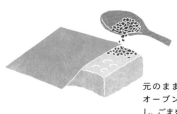

元のまま残すところを
オーブンペーパーで隠
し、ごまを振ります。

境界を隠すためオクラを
飾ります。

「白」は
表情のあるものを選ぶ。

横長の板皿とすずらんの形をした小
鉢、高台鉢を合わせました。数種類の
料理を少しずつ盛り付けたいとき、丸
皿だと平凡な印象になりますが、長方
形のお皿を使うと上品にまとまります。

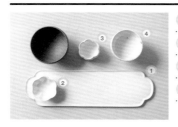

① 白釉 鎬 木瓜長皿　黒木泰等

② クレマ花型豆鉢　髙島大樹

③ 白釉すずらん豆鉢　黒木泰等

④ 3.5寸しのぎ高台鉢（粉引）　加藤祥孝

▎無難な白皿だからこそ素敵に見せるのは難しい。

食材の色を選ばない白いうつわは万能と思われがちですが、無難が故に料理の腕前と盛り付けの技術が必要とされ、意外に使いこなすのが難しいもの。写真のように表面に波のような装飾が施された白い板皿なら、シンプルな盛り付けでも料理が引き立ちます。

▎選ぶなら個性的な デザインのものを。

個性的なデザインのうつわは、一見コーディネートしにくそうに感じるかもしれませんが、白なら冒険しても大丈夫。特徴的な形や装飾でも、白のうつわは変に主張せず食卓にしっくりなじんでくれます。

マットな質感と口縁のラインが特徴のオーバル皿。高さのあるリム付きなので、汁気のある料理にもおすすめです。

四隅を丸面取りすることで、ただの角皿とは違った表情に。23×17.5cmのリム付きは取り皿としても使えるので重宝します。

「青」には鮮やかな料理や食材を。

① スクエアプレート しのぎ(ブルー) 藤原 純

② スクエア角鉢 小(ブルー)
藤原 純

③ きまぐれコンポート SS
はしもとさちえ

色で遊びたいなら、はじめは青で。青いうつわには、思い切って鮮やかな色の料理を盛り付けてみましょう。色とりどりの食材も青を背景にすることでまとまりが生まれ、大人っぽい印象になります。

セットでそろえても
青なら後悔しない。

うつわをセットでそろえるとき、つい無難に白やベージュなど淡い色を選びがちですが、実は青もおすすめ。シックな青であれば、和洋問わずどんな料理も引き立ててくれます。

青いうつわはモダンに見える。

青いうつわは、それだけでモダンで洗練された雰囲気を演出できます。トルコブルーのうつわと淡い紫色の紅芯大根との組み合わせは、食材のみずみずしさが際立ちます。

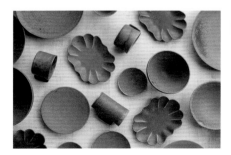

青にもいろいろ。
濃淡を楽しむ。

水色、空色、藍色、コバルトブルー、マリンブルー、ターコイズブルー……ひとくちに青といってもさまざまですが、違う色味で合わせても統一感が生まれます。濃淡の違いでそろえてみるのも、青いうつわの楽しみ方です。

水色

空色

藍色

コバルトブルー

マリンブルー

ターコイズブルー

「装飾」は
大胆なくらいがちょうどいい。

個性的な装飾のうつわも、一枚使いなら気軽に使えます。中国の古陶器にインスパイアされた、アンティークにもモダンにも映えるオーバル皿。「掻き落とし」で絵付けされた黄色の蝋梅の絵柄が愛らしい、和洋を問わない一皿です。

1 白磁 掻き落とし 9.5寸オーバル装飾皿
松本郁美

「魅せる」ことを意識して。

せっかく素敵な装飾が施されているなら、あえてそれを「魅せる」ことを意識しましょう。盛り付けに対して大きめのうつわを用い、余白を多めに取ることで、うつわの表情が目に留まります。昔ながらの技法による装飾は、料理を引き立てるように計算されていることに気づかされるでしょう。

「三島手」のリム皿。素地と白土の化粧土との対比はどこか異国情緒のニュアンスが感じられ、洋食を盛り付けてもしっくりきます。

白に黒のひび模様の「墨入貫入」がスタイリッシュなリム皿。無彩色なのでワンプレートのにぎやかな料理の数々が引き立ちます。

牡丹のレリーフ模様が浮き立つ「陽刻（ようこく）」の浅鉢。緑淡釉の色彩と艶も相まって、骨董のような静かな美しさを湛えています。

流れるような筆致のダイナミックさが魅力の「刷毛目」の片口。大胆な絵柄は、シンプルな料理との組み合わせがおすすめです。

うつわ使い Theory 13 | 小さいからかわいい。「豆皿」を主役にしてみる。

バリエーション豊かなデザインでうつわ合わせのアクセントになる豆皿や豆鉢。そんな豆皿たちを主役にすると、まるでたくさんの花が咲いたように食卓が華やぎます。トレイにのせることで「まとまり」をつけるのがポイントです。

①	12角豆皿（灰釉） 寺田昭洋	⑥	木瓜豆皿（粉引） 額賀円也
②	飴釉オクトゴナル 小 寺村光輔	⑦	灰青釉ダリア豆皿 前田麻美
③	ヘリンボーン豆皿 池田大介	⑧	花形皿SS（鉄釉） 松尾直樹
④	梅豆皿（鉄釉） 額賀円也	⑨	菊花豆皿（ブルー） 藤原純
⑤	灰釉五角豆皿 平岡仁	⑩	隅切トレイ（ウォルナット） 岩崎翔

かわいい豆皿は品よく使いたい。

面積が小さい豆皿や豆鉢だからといって、盛り付けが適当になっては台なし。皿の色と料理の色が被らないようにする、あまり盛り過ぎないようにする、といった点に気をつけて品よく見せましょう。

酒器も小鉢代わりに。

豆皿に限らず、小さめのうつわがあれば積極的に合わせてみてください。例えば、お気に入りのお猪口やぐい呑みなども酒器として使うだけではもったいない。小鉢として豆皿と組み合わせるとうつわ合わせの幅が広がります。

集める楽しみ。眺める楽しみ。

豆皿は収納場所を取らず、値段も手頃なのがいいところ。同じ皿を何枚もそろえるより、形や色使いを冒険していろいろな種類を集めてみましょう。気軽にコレクションして、眺めるだけでも楽しいのが豆皿の魅力です。

「ふだんお菓子」を
贅沢な一皿に。

近所のスーパーで買ったおやつも、素敵なお皿
にのせれば高級菓子の佇まいに。不思議と味
もおいしく感じられます。菓子皿はたいてい一
枚使いなので、絵付けなど個性的なデザイン
のうつわを思い切って使ういい機会です。

① 花小紋豆皿
  原 依子
....
② そば猪口
  原 依子
....
③ 入隅盆 キハダ黒漆
  落合芝地
....

和菓子＋洋テイスト皿で
コーヒーブレイク。

和菓子にコーヒー、案外合いますよね。うつわも一緒。「イッチン」による繊細な模様の白のプレートは洋の趣ですが、素朴なおはぎをのせると絵になります。食もうつわも自由な発想で楽しみましょう。

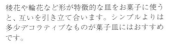

稜花や輪花など形が特徴的な皿をお菓子に使うと、互いを引き立て合います。シンプルよりは多少デコラティブなものが菓子皿にはおすすめです。

洋菓子＋和テイスト皿で
「おとなスイーツ」。

洋菓子に和食器を合わせると、見た目に「甘く」ない「おとなスイーツ」の印象に。

細長いケーキには、普段おかずプレートとして使っている長皿がしっくりときます。「何用の皿」と決めつけないで、使い回しを考えましょう。

シンプルなロールケーキには、生き生きとした筆致の掻き落としのうつわを。抹茶パウンドケーキは、緑が引き立つマットな質感の黒でうつわを統一。

大皿料理は、
「取り皿」にも気を配る。

大人数の食卓に欠かせないのが取り分けスタイルの大皿料理。
つい大皿のセレクトに気を取られがちですが、取り皿にも気を配
りましょう。大切なのは、ほどよいサイズ感での統一。デザイン
がばらついても、大きさをそろえるのが取り皿のセオリーです。

1. 鉄散 彫刻皿 6寸
   古谷浩一

2. しのぎリム平皿 6寸
   山本雅則

3. しのぎフラットプレート
   1尺（ブルー）　藤原 純

4. 耐火オーバルパン L（黒錆）
   石渡磨美

5. 耐火スープカップ（黒錆）
   石渡磨美

6. 錆リム長方皿
   安福由美子

取り皿は6寸で。
大は小を兼ねる。

6寸（左）と5寸（右）の皿に料理を取り分けてみました。
5寸のほうはやや窮屈ですが、6寸のほうは一品多く載せてもゆとりがあります。卓上の省スペース化を考えて一皿で済ませたいのなら、6寸が最適解ではないでしょうか。

大皿・大鉢は8寸以上のものを。

料理の量にもよりますが、大皿・大鉢は8寸以上の大きさのものを用意しておきたいところ。写真のオーバル鉢（左）は28cm×21cm、大鉢（右）は直径8寸・高さ8cmです。少し深さがあると煮込み料理やスープなどに使えるので便利です。

 Column　　**省スペース化は、一石二鳥の豆皿で。**

人数が多いとどうしてもテーブルの上が大渋滞。少しでも食卓を広く使いたいときは、凝ったデザインの豆皿・豆鉢を箸置きにしてみてはいかがでしょう。素敵な形や文様のものはアクセントになりますし、もちろん醤油皿やたれ皿として使えます。

「木」や「竹」が
ぬくもりと品を与える。

木や竹の素材の容れ物は、焼き物とはまた違った
表情を見せてくれます。例えばここで用いたのは
朴（ほお）製の重箱。いつもの料理もこうして豆
皿を重ね使いして重箱に盛り付けると、高級料亭
の松花堂弁当のように上品な趣となります。

1	重箱 田路宏一	4	豆鉢十角 su-nao home
2	青白磁 稜花豆皿 大井寛史	5	焼〆片口豆鉢 平岡 仁
3	銀彩入隅豆皿 加藤祥孝	6	栃筋目椀 φ4.2（黒） 蝶野秀紀

竹のぬくもりが
料理をおいしく見せる。

竹細工の容れ物は、手作りのぬくもり
と自然素材ならではの心地よさを感
じられます。弁当箱にはサンドイッチ、
かごにはおかずを入れて、ピクニック
気分のランチを演出。ワックスペー
パーを敷けば、うつわの代わりとして
日常使いができます。

 Column | 何気ない日常に「竹」を。

ここで使っている竹細工は、京都府宇治田原町に工房を構える、ユウ
ノ竹工房の岡 悠さんの作品。伝統的な手法を用いたオリジナリティ
溢れる作品の数々は、「日常でもっと竹を使ってもらいたい」との思
いで作られたもの。ファンが多いのもうなずけます。

竹は編み方によってさまざまな模様が浮き上がります。左から「浮き菊模様」
「花丸網代」「交色花刺し重ね六ッ目」。

大きめの竹かごは
ユースフル!

大きめの竹かごは、実はとても
使い勝手がいいものです。フ
ルーツを盛ったり、ワックスペー
パーや懐紙（かいし）を敷いて
うつわにしたり。写真のようにう
つわをのせてトレイとして用い
ると、涼やかな夏のおもてなし
にぴったりです。

淡い色合いで
「春」の訪れを慶ぶ。

心おどる春の訪れは、うららかな陽光を思わせる淡い色合いのうつわ合わせで迎えましょう。黄色やピンク色など暖色系の差し色を加えるのもおすすめです。稜花や輪花のうつわを用いると、まるで食卓に花が咲いたような趣です。

1 灰琥珀 ダリア6寸皿
前田麻美

2 灰青釉 芙蓉 豆皿
前田麻美

3 灰釉 六弁文向付
田中大喜

4 灰青釉 花七宝 そば猪口
前田麻美

5 灰青釉 花七宝 六角豆皿
前田麻美

6 黄釉 豆皿
大井寛史

7 一人膳（チェリー）
高塚和則

ワンプレートにも
春らしさを取り入れる。

シンプルな一枚のお皿でも、色使いひとつで春らしさが生まれます。淡い水色のオーバルプレートとスープカップは光の加減で緑っぽくも映り、芽吹きの季節を感じさせます。

酒器も季節に合わせて選ぶ。

春は祝事の多い季節。たおやかなフォルム、桜色が美しい片口とぐい呑みで、祝い酒を酌み交わしてはいかがでしょう。季節に合った酒器でいただくお酒は、おいしさもひとしおです。

 Column | # 「飾り切り」を普段使いに。

季節を問わずおもてなしに使いたいのが、料理に彩りを添える「飾り切り」。型抜きを使った飾り切りは簡単にできるので、普段から気軽に使ってみましょう。

Ch.
2
うつわ使いのセオリー 20

67

「夏」は
涼を呼ぶ素材がうれしい。

暑い夏は、透明感のあるガラスや白竹の網
代編みなど、目で「涼」を感じられる素材
を使ってみましょう。透明ガラスだけでは
単調に見えてしまうので、すりガラスや白の
陶器で素材感に変化を付けてみました。

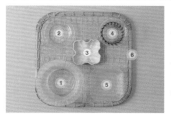

①	リム鉢 森谷和輝		④	ナナメモール豆皿（スモーク） 三浦侑子
②	豆蓋皿（クリア） 三浦侑子		⑤	八角皿 S 森谷和輝
③	貫入四方フリル豆皿 安福由美子		⑥	花丸網代トレイ 岡 悠

主役だけでもガラスにして納涼の趣。

すべてをガラスのうつわにしなくても、主菜の皿や目に留まるうつわをガラス素材にする
だけで食卓が涼し気に見えます。盛り付ける料理も季節感を意識すればなおよし、です。

**ガラスのうつわは
季節を問わず。**

せっかくのうつわを夏の間だけしか使わない
のはもったいない。キラキラと輝くガラスは、
食材をみずみずしく見せる効果があるので、
フルーツやサラダなどオールシーズンで使え
ます。

 Column | 見た目にも涼やかな料理を。

涼を取るなら、もちろん料理にも気を配
りたいものです。旬の夏野菜を使った透
明感のある料理、例えば一番上の写真の
トマトのジュレ、左の冬瓜の冷やしあん
かけなどはガラスのうつわとも相性がよ
いです。

寂び感で
深まる「秋」を演出。

枯れ葉舞い散る秋は、寂び感のあるうつわがよく似合います。褐色や黒の落ち着いた色合いと、錆びた金属のような質感が魅力の錆釉（さびゆう）のうつわなどは特におすすめ。秋の夜長をイメージしたうつわ合わせですが、退屈な見た目にならないように、高さのあるゴブレットやコンポートを取り入れました。

① 錆長八角皿大
　　安福由美子

② リムしのぎサラダボウル（にびいろ）
　　うつわ うたたね

③ ゴブレット（黒）
　　藤原 純

④ コンポート（にびいろ）
　　うつわ うたたね

⑤ ゴブレット
　　マルヤマウエア

⑥ ラトン蓋付きピッチャー Hi（砂金色）
　　竹口 要

食欲の秋。芸術の秋。

タタラ作りの大皿でワンプ
レートに。錆釉の深い色合
いと土ものの温かみが料理
を引き立て、いっそう食欲を
そそります。楓や笹の葉を
しつらえに用い、"芸術の秋"
を演出。

ほっこり酒器で
燗酒をいただく。

ところどころ見られる鈍い金
色の輝き、そしてしのぎの表
情が印象的な片口とぐい呑
み。厚みのあるぽってりとし
たフォルムがぬくもりを感じ
る、秋の夜の晩酌にぴったり
の酒器です。

 Column | "葉"で彩りを添える。

料理に彩りを添えたいときに、重宝するのが植
物の葉。特に定番の笹の葉は、最近では季節を
問わずネットショッピングで手軽に購入できる
ので、冷蔵庫に常備しておくといいでしょう。
錆釉などマット調の質感のうつわは、油分や水
分を含みやすく、しみやムラになりやすいので、
それを防ぐのにも有効です。

「冬」は
できたてをそのまま食卓へ。

温かい料理が恋しくなる冬は、できたてをその
まま食卓に並べられる耐熱皿や耐火皿が活躍
します。オーブンに使える、直火OKといった
実用性ももちろん大切ですが、形や色、質感な
ど見た目にもこだわって選びたいところです。

1 耐熱木瓜深皿 M（落栗）　石渡磨美

2 耐熱プレート（こげ茶）　はしもとさちえ

3 耐熱フライパン　安福由美子

一人二役の働き者、調理器具を兼ねた耐火皿。

直火にかけられる耐火皿は、フライパンや鍋としても使えます。パエリアなどではお米を炒めるところから耐火皿を使います。大きめサイズならグリル料理やシチューなどの煮込み料理も作れます。

うまい、はやい、かんたん。土鍋でご飯を炊く。

直火対応の土鍋なら炊飯器よりも短時間で、しかもおいしくご飯が炊けます。敷居が高いと思い込んでいる人も多いですが、実は案外簡単。ひび割れ防止のため目止め（→P.26）を行う、濡れたまま火にかけないといった点には注意しましょう。

1～3合炊ける土鍋。沸騰したら弱火で4～5分炊き、火を止め、そのまま15分蒸すだけ。おこげを作りたいときは、少し長めに炊きます。

作家が手がけると土鍋も個性的に。1合炊き土鍋はこぢんまりとして愛らしく、食卓に置いても絵になります。

Chapter **3**

作家で楽しむ
うつわ使い

うつわには、お気に入りの作家に出会い、
その作品を集めるという楽しみ方もあります。
大人気の作家から新進気鋭の作家まで、
"作家御膳"を通してその魅力に迫ります。
ほかでは見られない作家同士の対談も必見。

高島大樹 Daiki Takashima

"やきものや" としての技術と、
"作家" としての独創性と。

高島さんらしい個性的な六角と星型のうつわを合わせてみました。
口縁がシャープで上品な印象を受けますが、
お膳からちらっとのぞく市松文様にぬくもりが感じられます。

奈良県生駒市で工房を構える高島大樹さん。陶歴の長い高島さんのルーツは、曽祖父の代から営んできた京都の製陶所。"やきものや" として来る日も来る日も問屋仕事をこなし、基礎となる技術を培った実力派です。

独立後は、和洋問わず日常使いできる輪花や六角シリーズなど、自由で独創性溢れるうつわを作陶しています。著名人をはじめ、全国にたくさんの支持者がいるため、年に数回行われる個展では完売続出という人気作家です。

繊細な渦巻文様が特徴の「ドミンゴ」シリーズの5寸皿。ちなみに「ドミンゴ」とは、スペイン語で「日曜日」の意だそう。

呉須で絵付けされた市松文様の六角皿は、毎日使っても飽きが来ないデザイン。

輪花は、高島作品のなかでも特に人気のシリーズ。シックな黒釉が多くの人を魅了しています。

壺とつりがねをモチーフにしたオランダタイル風の絵柄が愛らしいオーバル皿。

Profile

1965年　京都府京都市生まれ
1989年　京都府陶工訓練校修了
1990年　京都市工業試験場修了
2004年　奈良県生駒市にて独立

奥さまとフレンチブルドックの愛犬ボン。高島さんは絵皿のモチーフとして犬を描くほどの犬好き。

平岡 仁 *Zin Hiraoka*

男前な表情のうつわに
惚れぼれする。

平岡作品のなかでも特に人気が高いひし形皿をメインに、
同じデザインのレンゲを小鉢として用いました。
箸置きのくぼみに梅干しをのせて、白磁の清廉さのなかに遊び心を取り入れました。

2020年、活動の場を生まれ故郷の和歌山から
笠間に移した平岡仁さん。本書で対談（→P.80）
した高島大樹さんは、公私で慕う兄貴的存在だ
そうです。
気さくで明るい人柄からファンが多い平岡さん

ですが、「白磁」「灰釉」「粉引」「掛分け」など
引き出しが多く、その繊細な仕事ぶりに惹かれ
る人も少なくありません。陶芸に対する思いは
人一倍熱く、キリッとした男前な表情のうつわ
の数々からもその情熱が伝わってきます。

色の違う釉薬を掛け分けた平鉢。釉薬の流れが生み出す偶発的な美しさが魅力。個性的なエスニック料理にも負けない存在感です。

高島大樹さんから譲り受けた型を用いた輪花皿。「平岡スタイル」に生まれ変わり、話題となった作品。

お造りやワンプレートなどに重宝する角皿。同じ掛分けでもまったく表情が異なります。

左ページの御膳にも使った白磁線刻ひし形皿とレンゲ。水面に漂う小舟のように雅やかです。

平岡家の食卓を奥さまが
Instagramで発信中！
Instagram ID：fumiharufumi

輪花を見て、いいなって。
完璧に "平岡スタイル" だね。

高島さんから譲り受けた型で
結果を出せてほっとしています。

高島大樹

Artisan's × talk

平岡 仁

Daiki Takashima
1965 年京都府京都市生まれ。京
都府陶工訓練校、京都市工業試験
場を経て、2008 年に独立。現在は、
奈良県生駒市に工房を構える。
→ P.76

Zin Hiraoka
1976 年和歌山県岩出市生まれ。
2001 年父、繁男のもとで陶芸を
学ぶ。2003 年岡山県備前にて弟
子入り、2006 年和歌山県海南市
にて作陶。2019 年茨城県笠間市
に移転。→ P.78

得意なのは「線彫り」。
これは僕しかできひんちゃうかな。
——（高島）

人気作家の高島大樹さんと平岡仁さんは、陶芸の世界では先輩後輩にあたりますが、どこか兄弟のようにも映る間柄です。男前なお二人ですが、ともに手がけるうつわは美しく繊細そのもの。親しい仲だからこそ話せる、うつわ作りの舞台裏を伺いました。

——お二人が初めて出会ったきっかけを教えてください。

平岡仁（以下、平岡）● 何かの打ち上げの席が初対面だったかと。そのとき高島さんが鍋奉行をしている様がすごくよかった（笑）。それで「この人と話してみたいなあ」って思って、後日奈良で行われた高島さんの個展に顔を出しました。

高島大樹（以下、高島）● 来場者も多かったし、個展のときはあまり話さなかったよね。2013年くらいかな？

平岡 ● 6〜7年前、まだうつわブームが叫ばれていないころですね。オープン前なのに20人くらい並んでいて驚いた記憶があります。

高島 ● ちょうど2012年からSNSを始めていて、そこで個展の情報などをアップするようにしていたおかげかも。

「普段使いできるうつわを作りたい」という言葉通り、高島さんのうつわは見た目だけでなく使いやすさも素晴らしい。

平岡 ● SNSは何を？

高島 ● FacebookとInstagram、あとはブログ。今考えるとInstagram作家の先駆けやね。お客さんからの反応もあって、これは面白いなと。そのときはまだガラケーでしたが（笑）。

平岡 ● SNSでも先輩ですね。ところで、高島さんはこの道、何年目ですか？

高島 ● 家業が焼き物屋だから、"生まれたときから"といえばそうなんだけれど。いったんお茶道具の卸売会社に勤めて、その後しっかりこの道に入ってからは今年で30年目かな。

平岡 ● 30年ってすごいですね。僕も大学を卒業して2年間はサラリーマンでした。その後父のもとで陶芸の道に進み、岡山の備前で修行して、今年で18年目になります。でも、10年過ぎたらあまり年数は関係ないですかね。

高島 ● そうやね。年数そのものはそんなに関係ないな。

——ほかの作家のうつわは、どのように見ていますか？

平岡 ●「もし自分が作るなら」という目線で見ますね。お客さんにはなかなか伝わらない、作家

平岡さんの作品の数々。お酒をこよなく愛する平岡さんらしく、酒器も多い。

こだわっているのは
"サイズ感" と "口あたり"。
—— (平岡)

だからこそわかる「ここに手間をかけているな」ってところを見る。

高島 ● 自身では普段使いできる "日常の" うつわを作りたいと思っていて、常々行き過ぎないことを大切にしてます。だからほかの作家さんの作品でも、そのあたりを押さえて作っているかな、と。それと品があるものが好き。

平岡 ● 僕はけっこうほかの作家のうつわを買うんです。以前は量産品の食器も持っていましたが、今家にあるうつわはオール作家もの。やっぱり作家もののうつわは、料理を盛り付けたときにおいしそうに見えるんですよ。それに個展で買ってきて、いざ使ってみると初見の印象と違ったりして、そういうのも楽しい。

高島 ● 普段は自分のうつわを使うことがほとんどなのですが、ハレの日というか、お正月やちょっ

高島さんから譲り受けた型で作られた平岡さんの輪花皿。釉薬が見せる艶やかな表情が独創的。

としたご馳走のときなどはほかの作家さんのものを使っています。もちろん仁君のうつわも（笑）。昭和のクラフト作家さんたちには、影響を受けている。自分が京都のクラフトシーン、ど真ん中の人間なので。

平岡 ● うん、わかる。ルーツみたいなものですよね。僕ももともと伝統工芸的な仕事をしていたから、「生活に根差した」とはかっこよく言いすぎだけれど、楽しくご飯が食べられる、お酒が飲めるうつわを作っていきたい。

—— 平岡さんは高島さんから輪花の型を譲り受けたそうですね。陶芸の世界では、そういったケースは稀だと思いますが。

平岡 ● 以前は輪花がうまく作れなくて。仕方な

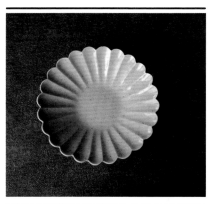

高島さんの代表作のひとつが輪花皿。ぬくもりのある灰釉の質感としなやかなフォルムが美しい。

※1：高島さんが手がけるシリーズのひとつ。独特の渦巻文様が特徴。（→P.83）
※2：先がとがった道具で絵柄や文様を彫る、掻き落とし（→P.25）のような技法。
※3：更紗模様。江戸時代にインドやペルシアなどから渡ってきた綿布に染められた異国情緒のある模様。
※4：たたら作り。たたら板を使って粘土を板状にし、成形する技法。「たたき」とも呼ばれる。

しに菱形の皿を何枚か組み合わせて「これ輪
花っぽくない？」なんてInstagramにアップし
たら、高島さんから「あげるで」って軽い感じで
コメントが…。

高島 ●「使っていない輪花の型があるんやけ
ど」って。

平岡 ● 僕もあまり深く考えず、「ああ、いただき
ます」と。ところがいざもらって実際に焼いて
みても、同じものは作れないし、どうしようかと
考えすぎてしまって。結局世に出すまで2年くら
いかかってしまいました。

高島 ● やり方を教えようかとも思ったけれど、そ
うするとそこから逃れなくなるし。やっぱり教え
ないでおこうと（笑）。でも、あるとき写真で仁
君の輪花を目にしたとき、「俺の輪花では無理や、
この雰囲気にはならへん」と。完璧に"平岡スタ
イル"の輪花になっている。同じ型なのに、
こういうふうに表現するのかって感心しました。

平岡 ● 型を譲り受けたことを知った人から、「輪
花のうつわはまだ売らないんですか？」といっ
た問い合わせもありましたが、中途半端に出さ
なくて本当によかった。「他人の型もらってプラ
イドないんか」って思う人もいたかもしれない
けれど、今は結果を出せてほっとしています。

高島 ● この世界は別に"一子相伝"というわけ
じゃないんだから、いろいろなコラボレーション
があったほうが楽しいよね。仁君の輪花を見た
ときに、「いいな」って思ったもん。僕の輪花じゃ
ないものが、僕の型から生まれるなんて面白い
じゃない！ こういうことはもっとやっていきた

対談中に出てきた、高島さんが「完璧に平岡スタイル」と評
した輪花皿の写真。

高島さんが今は亡き愛犬ラッキィのために作った絵皿。

いよね。

――作品を作るうえでこだわっているところ、ま
た得意な技法はありますか？

高島 ● 縁の作りと高台の裏。これを一番大事に
している。

平岡 ●"サイズ感"と"口あたり"は気にしていま
す。酒器もカップも手で持って完成というか。
それと作品にはどこか"余白"を残したいと思っ
ているんですが、作り込んだほうが受けがよかっ
たりするから、そこは意識するかな。

高島 ● それはあるよね。得意なのは"ドミンゴ※¹"
のような「線彫り※²」。たぶんああいうのは僕し
かできひんちゃうかなと。線彫りの感じで染付
もしてみたいと思っているんです。更紗※³とか
テキスタイルのような。

平岡 ● 僕は得意というか、「たたら※⁴」の仕事が
好き。簡単そうに見えて人の手癖が表れる作業
なんですが、弟子のころからほめられていたん
です。ろくろはヘタクソなんですが…（笑）。

高島 ● 仁君はたたら、上手だよね。でもろくろも
やるでしょ？

平岡 ● やって片口かな。とっくりも作りますね。

高島 ● 僕はろくろが下手だから、ほぼやらないか
な（笑）。

平岡 ● 最近は卓上料理に興味がありますね。十
場天伸さんの耐熱のうつわとか、実際に使って
みてすごくいい。家族や友だちとわいわいしな
がら食べるのって楽しいじゃない？ だから、無

陶芸作家になって
よかったことしかない。——（高島）

作りたいものを作れるって
やっぱりいいですよね。——（平岡）

性に作りたい気持になって。

——作品がうまくできなかったときは、どうしていますか？

高島 ● いったん放置します。

平岡 ● 僕はうまくできないなぁと思いながら黙々と作業を続けるタイプ。「できひんできひん」と追い込まれながらずっと手を動かし続けて、ギリギリのところででき上がる。

高島 ● 一番最初にでき上がったものがよくて、でも作り続けていくうちに慣れてしまうのか、ぼんやりしたものになってしまうことがある。実は輪花も飽きてきて、「あれ？」って感じたことがあって。それが売れるようになったのは、作りはじめて10年くらい経ったころかな。特に何かを改良したわけじゃないんだけれど、やり方をしっかり構築して作り上げるようになったからだと思う。作り続けることによって見えてくるものってあるよね。

平岡 ● 僕も飽き性なのか、お客さんよりも先に自分が飽きてしまうこともある。一方で自分が気に入っていても「売れないのはなんでやろ？」ということがあったり。

高島 ● そのときは「いい」って思っても、それは時とともに変わるんだよね。

——お気に入りの作品などはありますか？

高島 ● ずっと手元に残しているのは、ラッキィ（高島さんの愛犬）が亡くなったときに作った一枚。犬のモチーフはほかにもあってそれらは全部右を向いているけれど、ラッキィだけ左向きなん

だ。展覧会に持っていっても、これだけは手放さずにいる。気に入った作品は残しておく？

平岡 ● 一番気に入ったものから売ろうとするかな。早く持っていきたくなる。

高島 ● わかる、それは一緒や。だから手元に何も残らない。一年経っても売れなかったら捨てるもん。

平岡 ● すごい失敗したなって記憶はあります？

高島 ● 注文をもらった引き出物を忘れてしまったことがある。言い訳かもしれないけれど、それが引き出物って聞いていなかったの。納品の3〜4日前に「どうなっています？」って連絡がきて。電話切ってその足で土を買いに出て、すぐに素焼きして納品して…。今だから言える話だけれど（苦笑）。

平岡 ● 僕も弟子のころにはちょいちょいやらかしたけれど、なんとか乗り切ってきた。

高島 ● そういうときの対応、仁君はめっちゃ早いよな（笑）。

——作品のアイデアはどこから湧いてくるのですか？

平岡 ● 土を触っていて、追い込まれたときに湧いてくる。土を触っているうちにだんだんイメージが変わってくるので。

高島 ● デッサンは描いたりする？　僕は忘れないように書き留めることはあるけれど、デッサンはあまりしない。作りたいものは常に頭の中にあるから。

平岡 ● 僕もほとんどしないかな。"はよやりたい派"なもんで。あれこれ考えている間に作りたいもの、やりたいことがどんどん変わっていく。

高島 ● そういうところ、仁君はアグレッシブやね。引き出しは多いほうが絶対にいい。そういえば、なぜ和歌山市から笠間市に拠点を移したの？

平岡 ● 5～6年前に初めて笠間を訪れたときに、ここがいいな、と。以前から、焼き物を見る機会が多いところに移り住みたい、仕事量を減らしてしっかりと作陶する時間を増やしたいと思っていて。これまで周りに焼き物屋さんがいない環境でやってきたけれど、今は同年代の作家も多くてわくわくしています。

――陶芸作家になってよかった、と思うときはありますか？

高島 ● よかったことしかない。買ってくれたお客さん、売ってくれたお店の人が喜んでくれるのを見ると、よかったな、と。あとは自分がしたいことができたときやな。

平岡 ● 作りたいものを作れるって、やっぱりいいですよね。数をたくさん作らなければいけないときは少し大変だけれど。

高島 ● 僕は数を作るのは苦にならない。仕事として数を作るとき、考えて形をつくるとき、スイッチを切り替える感じ。あと、お題をもらえると助かる。うつわを見せて「こうなるともっといい」とか言ってもらえると、「よし、やってみるぞ」ってやる気が出る。人の意見も取り入れてアウトプットしたい。もともと卸売の仕事をしていたから、言葉をもらえるとうれしいんだよね。

平岡 ● 無茶ぶりもたまに聞くといいよね。頼まれ

たのはいいけれど、作るの避けてギリギリまで手を付けなくて、いざ作ってみたらそれが売れたりして。

高島 ● やっぱり売れるとテンションが上がる。気に入ったものができ上がっても、Instagramにアップして"いいね"が全然付かないとへこむわ（笑）。

平岡 ● 以前ならレンゲを作ろうなんて考えもしなかったけれど、喜んでもらえるなら作るのもいいかなって思うようになってきた。

――今後の目標などはありますか？

高島 ● 自分がやりたいことを見つめて、ていねいなうつわ作りをしていきたい。

平岡 ● 僕は最近は焼き物以外もの、ガラスなんかも気になっているんです。もしかしたら、将来は陶芸以外にもチャレンジするかも。どう変わっていっても"らしさ"みたいなものは抜けきらないだろうから、それもいいかなって。ちなみに高島さんはどんなペースで作品を作っているんですか？

高島 ● 個展のスケジュールが決まって、それに合わせて作ります。その時期は朝から晩まで作ってますね。

平岡 ● 僕も昔はそうだったけど、今はどんなに忙しくても午後9時には終わらせて、わりと規則正しく生活しています。

高島 ● それはいいことだね。お互い身体はいたわらないと（笑）。

うつわ うたたね

Utsuwa Utatane

たおやかさと凛々しさを、
丁寧な "しのぎ" に見出す。

（左上から）
コンポート
バロック紋オーバル（26cm）
にびいろねじねじオーバル（27cm）
しのぎスープカップ
豆皿

錆釉特有のきらめきがところどころ見られる「にびいろ」のオーバル皿は、万能の一枚。
リムに施された美しいしのぎが食卓に華やぎを添えます。
差し色にトルコブルーの豆皿を用いました。

奈良に工房を構える「うつわ うたたね」さん。「陶芸がしたい」という強い思いから陶芸教室に通い始め、樋口邦春氏に師事。その後、会社勤めと並行しながら創作活動を続けてきたという異色の経歴の持ち主です。
飽きのこないシンプルなデザインは、普段使いにぴったり。丁寧なしのぎには、女性らしいたおやかさと、作家としての凛々しさを見出すことができます。ちなみに屋号の由来は、「作業中によくうたたねをしていたから」。穏やかな人柄が表れていますね。

うたたねさんの代表的作品でもあるトルコブルーのうつわ。

マットな質感がモダンな「白」、ざらつき感があるアンティークな風合いの「にびいろ」と対称的な色展開。一緒に食卓に並べても、もちろんしっくりきます。

Profile

大阪府大阪市生まれ
1995年　樋口邦春氏に師事
2010年　道明寺天満宮手づくりの市に初出展
2019年　長年勤めた会社を退職し、作家活動に専念

素地に丁寧にしのぎを入れていくうたたねさん。

谷井直人 Naoto Tanii

時を経てなお美しい。
その銀のきらめきは作家の輝き。

白×黒舟形鉢
白×シルバー角鉢
白×黒豆皿（花）
黒×シルバーぐい呑み
白×シルバー耳付きカップ
黄流×シルバー高杯（小）

谷井作品の定番である、銀彩と貫入のうつわ合わせ。
日々のおかずを盛り付けるのにちょうどよいサイズ感の
小鉢や小皿などが豊富にそろっているのもうれしい。

谷井直人さんは、信楽で代々続く窯元の出身で、
銀彩や白黒、粉引、釉薬ものなど多岐にわたる
うつわを手がけています。特に銀彩は人気が高
く、高貴な銀をまといながらも土の温かみを残
すその表情は、ラグジュアリーな食卓を演出。

年月を経るごとに黒ずみ、いぶし銀に変化して
いく様を愛でるのもひとつの楽しみ方です。
和食やフレンチ、イタリアンとジャンルを問わ
ずプロの料理人の愛好家も多いことから、その
完成度の高さがうかがえます。

銀彩のうつわはひときわ目を引くので、普段の食卓のアクセントとして、またハレの日の演出としても使えます。経年変化によってアンティーク感が生まれるのも魅力。

銀彩のコンポート皿は、フルーツを置くだけでもオブジェのような佇まい。

見込みに銀彩を施したたたわみ鉢。鈍い光の反射によって料理が映えます。

黒の花皿と内側が銀彩のマグカップ。黒×銀の組み合わせは、いっそうノーブルな雰囲気。

白×銀のデザートカップ。アイスクリームやフルーツの清涼感が引き立ちます。

Profile

1976年　滋賀県信楽生まれ
1996年　信楽窯業試験場 大物ロクロ科修了
1997年　京都府立陶工高等技術専門校 成形科修了。信楽にて笹山裕昭氏に習う
1998年　兄とともに遊楽窯を開く
2017年　独立

谷井さんの工房に併設したギャラリースペース「とらのす」は見学も可能。

高田志保 Shiho Takada

艶やかで、やわらかくて、
凛として。

灰釉片口皿
灰釉ぐい呑み
灰釉高杯
灰釉そば猪口

やや緑がかった複雑なグレーの灰釉のうつわでコーディネート。
柔和な曲線が美しい片口皿をメインに、スティックサラダにカップ、スープにそば猪口を使ってみました。
葉っぱの豆皿にカトラリーをのせてアクセントに。

高田志保さんは、同じく陶芸家であるご主人の
黒木泰等さんと共に京都府亀岡市で作陶されて
います。そして、二児の母でお料理好き。女性
が使いやすい、手持ちが軽くて絶妙なサイズ感
のうつわを多く作られているのも、ご自身の経
験によるところかもしれません。

艶やかでやわらかな女性的なフォルムと、炭入
貫入や黒釉、灰釉の凛とした表情との対比が、
作品の存在感を際立たせています。そんなジェ
ンダーレス的魅力に溢れたうつわは、男女問わ
ず人気があります。

ろくろで挽いた鉢は、自分で料理
をするからこそわかるサイズ感。
使い回しもしやすいです。

高田さんの代表作でもある炭入り貫入と黒釉のうつわ。無彩色でスマートな
質感と、なだらかな曲線のコントラストが魅力的です。

カキ、シュウメイギク、ヤマボウシなど、実
物の葉っぱから型を取った豆皿。アクセサ
リートレイにもなる素敵なデザイン。

うつわの高台の削り
作業中。手もとの所
作も美しい。

Profile

1977年　奈良県吉野郡生まれ
2001年　京都教育大学教育学部特修美術科卒業
2002年　京都府立陶工高等技術専門学校
　　　　成形科修了
2003年　同校研究科修了
　　　　京都府京都市にて冨部伸造氏に師事
2008年　京都府亀岡市にて独立

藤原 純　Jun Fujiwara

同じ "青" は二つとない。
唯一無二の "藤原ブルー"。

ゴブレットL（白）
3トンガリ小鉢（青）
しのぎスープカップ（白）
3トンガリ豆鉢（青）
6トンガリLL（青）

メインのオーバルプレートをはじめとする "藤原ブルー" のうつわに、
白のしのぎゴブレット、スープカップを合わせました。
同じ "青" は二つとない、といってもいいほど、
釉薬の濃淡や焼成具合によって色合いに個体差があるのも味です。

"信楽のたぬき" を最初に作った曽祖父の代から続く窯元に生まれ、家業をこなしながら作家活動に取り組んでいる藤原純さん。動物をはじめとする芸術的なオブジェも手がけており、その秀でた造形力は自身が「トンガリ」と呼ぶうつわのアウトラインにも生かされています。
どこかビンテージのような風合いの作品は、とにかくスタイリッシュ。なかでも深い色味の青のうつわは人気が高く、「藤原ブルー」と称されるほどの代表作となっています。

藤原ブルーと人気を二分するのが「白」のうつわです。アイボリーがかった白に、口縁部の茶色がアクセント。どんな料理も受け止めてくれる懐の深さがあります。

8寸の菊花オーバルプレート（左）は、ワンプレートにも使いやすい一枚。
「5トンガリ」（右）などの作品名は、口縁部の突起の数を表しています。美しくオリジナリティ溢れる意匠です。

しのぎが施されたゴブレットは、無国籍っぽい表情を見せます。脚は削り出しによるもので、まさに匠の技。

藤原さんが作る"信楽のたぬき"は、ユーモラスでありながらアート作品のような面持ちです。

Profile

1979年　滋賀県甲賀市信楽町生まれ
1998年　信楽窯業技術試験場
　　　　大物ロクロ科修了
2013年　信楽焼伝統工芸

安福由美子 Yumiko Yasufuku

使い手の気持ちに寄り添う、
錆釉と造形の美。

錆感のあるうつわでコーディネート。
形や大きさに変化をつけて、アクセントに白い貫入の小皿を添えました。
トマト煮込みやフォカッチャなどの普段料理も上品に見えるのが安福作品の妙です。
長八角皿は特に人気のうつわです。

安福由美子さんの代名詞ともなっているのが、時を重ねた金属のように鈍く魅惑的な輝きを放つ錆釉のうつわ。文字通りエッジの立ったものから、なだらかな曲線が美しいものまで、造形美に溢れた作品がそろっています。

安福さんは以前カフェを経営しており、自らが作陶したうつわで料理を提供していたそう。その経験から「自分が料理を盛りたいうつわを」という使い手目線で作られた作品は、サイズ感や軽さなど使い勝手にも配慮されています。

アンティークの雰囲気が漂う錆感と、モダンなデザインの融合が作品の特徴。スタイリッシュで都会的な八角皿、繊細で柔らかな菱形や木瓜皿、どちらを選ぶか迷ってしまいます。

安福さんがInstagramで公開しているお料理写真の数々。自身の作品を用いているので、うつわ使いのお手本にもなります。

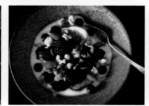

工房の至るところに見られるオブジェは、自身が制作したもの。有機的な形状が生命力を感じさせます。

安福さんが運営するギャラリー兼カフェ「緑蔭（Ryokuin）」。内装や家具など、安福さんのセンスが詰まったこだわりの空間。住所は、石川県金沢市里見町6-1（不定期営業）。

Profile

石川県金沢市生まれ。
京都造形芸術大学で本格的に陶芸を学ぶ。
デコレーター、カフェ経営を経て陶芸家に。
現在、岐阜県岐阜市にて作陶中。

うつわを見た瞬間、「かっこいい」
「空間のイメージがある人だ」と思って。

必ず"空間"を意識しています。
共感してもらえてすごく嬉しい。

藤原 純

Artisan's × talk

安福由美子

Jun Fujiwara
滋賀県甲賀市信楽町生まれ。実
家は信楽焼の窯元。家業を継ぎ
ながら、陶芸作家としても活躍。
→ P.92

Yumiko Yasufuku
石川県金沢市生まれ。子育てし
ながら京都造形芸術大学へ通
い、趣味だった陶芸を本格的に
学ぶ。岐阜市在住。 → P.94

光が当たって影になる。
その空間が頭の中にありますよね。
—（藤原）

窯元に生まれ育った藤原純さん、デコレーターやカフェ経営などを経て転身した安福由美子さん。経歴は対照的ですが、作陶に関しては共通項も多いお二人。今回、藤原さんたってのご指名により対談が実現しました。

——藤原さんが安福さんを対談相手として指名された理由をお聞かせください。

藤原純（以下、藤原）● 写真で安福さんのうつわを見た瞬間、「かっこいい」「この人は頭の中に空間のイメージが見えている人だ」と思って。これはもう安福さんしかいないと。

安福由美子（以下、安福）● 私はうつわを作るときもオブジェを作るときも、必ず"空間"を意識するんです。そこを共感してもらえるのはすごく嬉しい。

藤原● やっぱり。僕も頭の中に空間のイメージがあるんです。安福さんはきっと自分と似た世界観を持っている人だなと感じて。作品のバランスがすごくいいですよね。

安福● 本当ですか？ ありがとうございます。"バランス"と"ライン"そして"質感"——この3つはとても大切にしています。

安福さんの作品。藤原さんが特に見入ったのは、なだらかな曲線とアンティークのような錆釉が美しい木瓜皿。

藤原さんの作るうつわは、「藤原ブルー」と称される青とビンテージ風の質感、エッジの立ったデザインが魅力。

藤原● ラインとかエッジとか、気持ちいいと感じるところがお互い似ているんでしょうね。

安福● 藤原さんが手がけるオブジェとうつわにも共通するものを感じます。どちらもラインがすごくきれいに出てるし、くっと締めるところは締まっていて素敵だなって。

藤原● 十何年もオブジェを作ってきて、やっとここに至るというか。気持ちよさを感じるポイントはわかっているんですけれど、そこに向かうには壁があってちょっとずつしか進めない。このラインを出すとほかの部分が損なわれるかも、とか余計なことを考えてしまったり…。でもオブジェ制作の経験のおかげで、うつわではけっこう自由にラインを作り出せるようになりました。

安福● 私はもともとうつわから始めたんですけれど、大学3年生のときにうつわかオブジェか専攻を選択する機会があって。そのときに限界を越えたい、自分のうつわづくりの概念を一度壊したいという思いがあって、結局オブジェを選んだんです。

藤原● そうなんですか。オブジェと違ってうつわはお皿やお茶碗といったデザインの"枠"がありますよね。僕はその枠のなかに曲線をはめていく感じ。デザインを展開していく作業はすご

「死ぬまでやらせてくれ」と。
陶芸を続けられたら幸せです。──（藤原）

きっと体に染み付いているんですね、
陶芸が。──（安福）

く楽しいけれど、うつわになるとちょっと抑えちゃう部分があるんですよ。でも、安福さんはガンガンいく（笑）。ふくよかなラインを出しながらエッジを立たせたり、それがすごい。ラインの"切れ方"とかも見ていて気持ちいいんですよ。うらやましくなります。

安福 ● 自分ではこれでも抑えるように気をつけているんです（笑）。うつわは本来お料理を盛るものだから、やりすぎるとお料理が引き立たなくなってしまう。作りながら「ああ、このラインたまらん」なんて自賛することもありますが、それぱかりに執着するとやりすぎた感が…。

藤原 ● そのあたりのバランスが絶妙ですし、それがかっこよさにつながっていると思います。

安福 ● 私は型を作るときにあまり深く考えないというか。ラインとかくぼみとかも理屈で考えるのではなくて、「これくらいが気持ちいいかな？」という感覚で決めてます。そこから、「もう少し細長く」「もっとくぼみを深く」と発展させてい

「素敵に使ってくれているのを見るとうれしくなります」と藤原さん。購入者のInstagramから発想を得ることも多い。

く場合もあります。

藤原 ● それは僕もありますね。「高さをつけてみようかな」「こっちから見たときにどう見えるかな」とか。オブジェ制作と一緒で、光の加減を頭の中でイメージしつつ。

安福 ● えっ!?　実は私も光、さらにいえば影をすごく意識しています。藤原さんの口から急に「光」って言葉が出てきたのでびっくりしちゃった（笑）。

藤原 ● 意識していること、やっぱり同じですね。光が当たって影になる──その空間が常に頭の中にあるんですよね。

──ほかの作家のうつわはどのような目線で見ていますか？　また好きな作家はいますか？

藤原 ● 自分とは方向性は違うけれど単純にデザインや質感がかっこいいな、といった見方をしますね。あるいは伝統工芸としていい仕事をしているな、とか。

安福 ● 私は作家の方の作品に触れる機会が多くはないのですが、昔から惹かれているのは内田

料理好きの安福さんがInstagramで公開している写真。うつわ合わせのお手本になる。

鋼一さんです。内田さんの作品からは、ものすごくパワーを感じます。

藤原 ● 僕は作家なら澤清嗣さんが好きですね。信楽焼のカリスマといってもいい方です。

安福 ● ただ、作家の方というよりは、どちらかというと骨董など古いものに興味をそそられますね。錆びた鉄の板や劣化してぼろぼろになったコンクリート、汚れとか染み、そういったものにもつい目が行きます。

藤原 ● 作家に限らず好きなもの、というのであれば、平等院の雲中供養菩薩像※1などかな。お寺が好きなので。

安福 ● お寺、いいですよね。「この欄間※2たまらんな」とか。

──藤原さんは作家活動と並行して窯元の仕事もされていますよね。

藤原 ● はい。朝9時から夜7時半までは窯元の仕事をしています。その間「このラインかっこいいな」など思いついたことを頭に入れておいて、自分の作品は夜に作業します。忙しいときは、夜中の1時〜2時までずっと土を触っています。個展前になると朝までかかったり。

安福 ● 私は今まさにその状態。睡眠時間が2〜3時間くらい。ずっと作業しっぱなしで、終わったら死んだように寝ます。

藤原 ● 朝からずっと…すごいですね。

安福 ● いや、昼間はぼんやりしてたりするんです。

安福さんは、下のお子さんが幼稚園に入園し、空いた時間を利用して陶芸教室へ。その後、大学で陶芸を学んだそう。

寝ればいいのに（笑）。本当は規則正しい生活をしたほうがいいかなって思ったりもするんですが、夜になるとギラッとしてくる。

藤原 ● アガってくる感じですよね。

安福 ● ただ、ここのところの忙しさでずっと限界を超えている感覚があって。気持ちが落ちるときはとことん落ちて、「もうダメだ、逃げたい」と。でも一個でも納得のいく作品が焼けると、一気に気持ちが上がったり。そういう意味では、今の自分にとってモチベーションを保つことが大きな課題かも。

藤原 ● 僕は信楽出身なので、同級生や知人は窯元の人間ばかり。実家が窯元だからという理由で陶芸の道に進むケースが多いのですが、窯元の業務だけこなす人も少なくない。だから安福さんのように、「陶芸をやりたい」というモチベーションを持ってこの世界に足を踏み入れた方とお話できるのがとてもうれしくて。

安福 ● 藤原さんの "窯元出身" というほうが作家としては特殊ですよね。

藤原 ● 自分としてはそれが当たり前なんですけれどね。窯元を辞めて作家活動に絞るのは恐らく簡単なのですが、信楽焼の窯元仕事も手がけていきたい。作家として有名になりたいとか、そういうのはどうでもよくて、「死ぬまでやらせてくれ」と。ずっと陶芸を続けられたら幸せです。

藤原さんが手がけるオブジェには、どことなくビザール感が漂う。

安福さん作のオブジェ。有機的なフォルムはうつわとも共通する。

※1：京都市にある平等院の鳳凰堂にある長押上の小壁にかけられた52軀の菩薩像。

※2：らんま。建具の一種で、天井と鴨居の間や天井と長押の間に通風や採光のために設けられた開口部材のこと。

Jun Fujiwara

Artisan's Talk

Yumiko Yasufuku

料理が盛り付けられた様を見ると
すごくうれしくなる。──（安福）

安福 ● きっと体に染み付いているんですね、陶芸が。

藤原 ● こうやって安福さんとお話して、いっそうやる気が出ました。もっとがんばらなあかん、と。作品を見させていただいてうらやましく感じるのも、「まだまだ自分もできるんや」って気持ちがあってこそですから。

安福 ● 私のほうこそ、お声をかけていただいてうれしいです。陶芸関係の友だちもほとんどいなくて、ずっと一人でやってきたので。

藤原 ● これも陶芸が結んだ縁ですね。

安福 ● 陶芸を始めた頃は、自分がこんなに忙しくなるなんて思ってもいなかったんです。初めて「灯しびとの集い」[*3]に出展したとき、とりあえず3年はがんばろうと思って、それからあれよあれよという間にいろいろなところからお声がけいただいて。それまで行ったことのない場所に、うつわが連れていってくれているような感覚があります。

──これからこのような形のうつわを作ってみたい、といった考えはありますか？

藤原 ● 安福さんの作品のように、もっとラインを出せたら気持ちいいだろうなっていうのはありますね。

安福 ● 私は"形"そのものが好きだから、思いついたものはとりあえず一度作ってみる。仕事に追われてそこで止まってしまっているものが実はいっぱいあるんですけれど、なかにはきちんと作品として完成させたいうつわもあって。次は"面のもの"を作りたいですね。耐熱で多面体のうつわなんですが。

藤原 ● 安福さんの作品には"面のもの"と"曲線のもの"がありますよね。僕もそういう考え方で作ることがあります。「今回は面をメインにエッジをいかに出すか」とか、「次は曲線のうつわでいこう」とか。とにかくいっぱい作って、手に馴染ませてからじゃないと思うようなラインは出せないので、もっと練習していきたいです。

──作陶にあたってはさまざまな工程を経るわけですが、苦手な作業はありますか？

藤原 ● 決まった形を量産するのがちょっと…。創作する時間、ラインなどを考えているときが一番楽しいので。基本的に仕事は嫌いなんですが（笑）、焼き上がったものを並べるのは楽しいです。すったり[*4]は苦手かも。

安福 ● すったりや土を再生する作業は、手は痛いし、冬は寒いし、ですからね。

藤原 ● 成形するのが楽しいですよね。成形して、焼き上がったらうれしい。

安福 ● わくわくします！

藤原 ● 窯を開けるときは毎回うれしい。窯の中に焼き上がったうつわがいっぱい並んでいるのを見ると、愛おしくて売りたくないなって思うことがあります（笑）。

藤原さんが作ったカエルのオブジェ。信楽焼の窯元の4代目として、家業では"信楽焼らしさ"を大切にしているそう。

安福 ● その気持ち、私もわかります。でも、自分の想像以上に上手にお料理が盛り付けられた様を見ると、すごくうれしくなる。もちろん、使っていただけるだけでも喜びを感じます。

藤原 ● 僕たちは自分がいいと思うものを勝手に作っているわけで、それに共感して使っていただけるというのはありがたいですよね。

——失敗談はありますか？

安福 ● 山ほどありますよ。釉薬の調合を間違えて想像していたのと全然違う色になったり。「あ、この茶色やっちゃったな〜」とか（笑）。

藤原 ● 調合間違えるの、怖いですよね。

安福 ● ほかにもいろいろ…。私、同じ失敗を繰り返すんですよ。気をつけなきゃって思いながら、惰性でやっちゃうときもあって。

藤原 ● 疲れていると集中力が切れますからね。全工程でやらかすときはやらかす。ちょっと慌てたり、タイミングを間違えたら終わり。

安福 ● どん底に陥ります。

藤原 ● でも休めないし。個展が入っているとギュウギュウじゃないですか。安福さん、個展は年4回くらいですか？

安福 ● もっとやってますね。体力があるうちは目一杯やろうと決めたので、1カ月に2回のときもあって。ヤバいでしょ？（笑）

藤原 ● それはヤバいです。僕は月に1回くらい。それ以上はうつわを作れないかな。

安福 ● 私も本来はそんなに作れないですけれど、滅茶苦茶がんばって。でも個展の作業に追われると、作りたいものが作れないジレンマが出てきますね。

藤原 ● 僕もそんな感じです。家業があるので毎日土には触れるんですけれど、自分の作品には全然手を付けないときがあります。

安福 ● 家業では何を作ってるんですか？

藤原 ● いろいろ作ります。たぬきやカエルのオブジェとか、水鉢やメダカ鉢とか。

安福 ● 自分の作品と家業の陶芸とでは、作るときの意識は違いますか？

藤原 ● 違いますね。昔は作り込んだほうがかっこいいと思っていたんですが、それを見た祖父が「信楽焼は〝ガガッ〟ってところがないと信楽焼じゃないねん」って。つまり作り込まない部分とか、抜け感を大事にしろという意味だと思うんですが、以来窯元の仕事ではそれを意識するようになりました。

安福 ● ありますね、作り込みすぎるとつまらなくなってしまうこと。抜け感は大切ですね。

藤原 ● 産地へのこだわりはないのですが、何かしら信楽の役に立てたらいいなという思いはあります。だから家業を継いだわけで。みんながみんな作家になったら、それは信楽焼じゃないなと思っていて。

安福 ● 家業の陶芸があって、そのうえで作家活動をされているのがいいですね。私も作るのが好きだからこの仕事を続けていくと思うんですけれど、藤原さんみたいに拠り所があるのはうらやましいです。

※3：2009年にスタートした、関西を代表するクラフトフェア。ガラス、陶磁、木工、金属、染織などのクラフトマンたちが参加。

※4：うつわの底にやすりをかけて、凸凹やぐらつき、ざらつきをなくす作業。

はしもとさちえ

そのしのぎ、
まるで上質の編みもののような可憐さ。

（左上から）
豆皿
しのぎコンポート
しのぎマグカップ
しのぎリム皿8寸

朝食のうつわ合わせです。
メインは、人気が高い
レース編みのような
しのぎのリム皿。
一方コンポートと小鉢は、
鳥の羽根をイメージしたしのぎ。
しのぎのデザインの違いが、
ちょうどよい
アクセントになっています。

大阪で作陶されているはしもとさちえさんは、現在、建築士のご主人と育ち盛りの男の子との3人暮らし。さまざまな料理に対応するサイズ違いのうつわを取りそろえているのも、日々のお料理が欠かせない主婦目線からでしょう。

代表作であるオフホワイトでマットな手触りのうつわには、一つひとつ手作業でしのぎが施されています。心地よいリズムで彫られたしのぎは、まるで上質な編みもののような可憐さ。大人っぽさと少女性を併せ持ちます。

はしもと作品の数々。コンポートやそば猪口のしのぎは、その時々の「きまぐれ」で即興的に彫ることもしばしば。お気に入りのしのぎを見つけるのも、楽しみ方のひとつです。

直火で使える耐熱皿のプレート。パンを載せてトーストし、そのまま食卓へ、といった使い方もできます。

こちらも人気のマグカップ。光の角度によって表情が変わるのも、しのぎの魅力です。

ぬくもりのあるオフホワイトのうつわは、どんなジャンルのお料理にも合わせやすいです。

工房では、のびのび暮らしている二匹の愛犬がお出迎え。

Profile

1976年　大阪府大東市生まれ
2001年　大阪産業大学院環境デザイン専攻修了
2006年　大阪府枚方市にて工房設立
　　　　　以降、個展、グループ展を多数開催

額賀円也 Enya Nukaga

伝統的技法に秘められた
芸術的エッセンス。

（左上から）
鉄釉梅鉢
鉄釉四角皿
鉄釉菱形小鉢
鉄釉稜花皿（小）

気品のある鉄釉でそろえながら、さまざまな形の違いが楽しいうつわ合わせにしてみました。
おむすびをのせているのは、口縁の切り込みが大輪の花を想起させる稜花皿。
額賀作品のなかでも定番といえるうつわです。

油絵画家の父、日本画家の母と姉を持ち、自ら
は陶芸の道に進んだ額賀円也さん。鉄釉や粉引、
刷毛目、三島など伝統的技法によって作陶され
た焼き物には、どこか芸術的なエッセンスが感
じられます。それは、額賀さんを育んできた環

境のおかげかもしれません。
例えば刷毛目の大胆さ、三島の繊細さ、梅鉢や
稜花皿の愛らしさ。これらの意匠は端正かつモ
ダンであり、"今"の時代の食卓に見事に調和し
ます。

三島（左）や刷毛目（右）といった伝統技法を、積極的に取り入れているのも額賀作品の特徴。三島の細やかな印花と、刷毛目のダイナミックな塗りが好対照です。

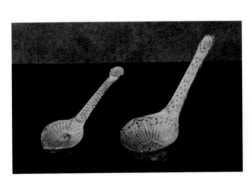

UTSUWA KESHIKIたっての依頼により作陶された三島のレンゲは、個展で売り切れ必至の人気作品。小鉢や薬味入れとしても使えます。

菱形小鉢（上）は、その口縁の形も雰囲気もエッジが立っています。ロングセラーの梅鉢（下）は、ハレの日にも用いたい逸品。

ガス火の温度調整はこまめにチェック。個展前は夜通しで焼成することも。

Profile

1983年　東京都町田市生まれ
2003年　愛知県立窯業専門校卒業
2009年　製陶所勤務を経て
　　　　岐阜県土岐市にて独立

松本郁美 Ikumi Matsumoto

"掻き落とし"の愛らしさは、
東洋と西洋のあいだに。

（左上から）
白磁掻き落とし4寸変形皿
白磁掻き落とし六角小鉢
白磁掻き落とし升鉢
白磁掻き落とし楕円豆皿
（お盆外）白磁掻き落とし蓋付小鉢
白磁掻き落とし小豆皿

掻き落としによるオリエンタルな絵柄が印象的な白磁器のうつわ合わせ。
素敵な絵柄が少し顔をのぞかせるように、盛り付けに気を配りました。

松本郁美さんの創作の源泉は、中国の古陶磁器など。その独特の形や文様に影響を受けているとのことですが、その最たるものが「掻き落とし」の技法を用いたうつわです。一つずつ手描きにこだわり、動植物をモチーフとした絵柄は、どこか懐かしくもあり、ぬくもりを感じます。

松本さんは、東洋でもなく西洋でもない、そのはざまの世界観を志向しているそう。確かに作品からは、美術様式にとらわれない「新しさ」が感じられます。

南天の花と物語風の犬の絵柄が愛くるしい、白磁掻き落とし輪花楕円皿。一般的に掻き落としは、素地に白化粧を塗り、絵や文様を付けてから輪郭線や不要な白土を掻きべらなどで落とします。松本さんは、素地が磁器のため、黒化粧や色化粧を直接塗り、そこから掻き落としを施します。

掻き落とし白磁のラインアップ。左から4.5寸古陶磁変形皿とミルクカップ、7.5寸古陶磁変形皿、蓋付そば猪口。絵の部分は色をより浮き立たせるため、一つひとつマット釉を筆で塗り、ベースの白磁部分と掛け分けをしているというこだわりようです。

絵付け風景。絵柄は中国の鮮やかな文様の五彩や、小紋、オリエント文様などから影響を受けているそう。

su-nao home スナオホーム

黒一色。「Simple＝素直」なうつわに
料理が映える。

（奥から）
リムプレートrm-3
豆皿隅切長角
小皿 八角
豆皿 楕円八角
リムプレートrm-6

無彩色の黒は、
明るめの色の料理を引き立て、
和・洋を問わず、
スタイリッシュに
食卓を演出してくれます。
黒のうつわを用いるときは、
退屈に見えないように、
異なるサイズや形を
合わせることを意識しましょう。

su-nao homeは、松本圭嗣さんが手がける陶器ブランドです。米国・サウスダコタに留学時、大学の授業で陶芸の面白さに触れたことをきっかけにこの道に進んだ松本さん。そのコンセプトは「All in BLACK」。
黒のマットな釉薬をまとったうつわは金属的、

しかし決して無機質ではありません。それは、あえて手仕事の痕跡を残すことにより生まれる"ゆらぎ"のおかげ。余計なものを削ぎ落とした「Simple＝素直」さが、毎日の家庭料理を引き立ててくれます。

su-nao home作品は、色が黒で統一されている分、形やサイズ感にこだわっています。例えば、毎日でも使える万能のオーバル
リムプレート（中・右）は、あえて十二角形の辺長を不規則にするというこだわりよう。

UTSUWA KESHIKIオーダーによるコンポート。完成までに数多くの試
作を重ねたおかげで、個展でも完売するほどの人気アイテムに。

一枚ごとに手作業でくるみオイル
（口に入れても安全な優れもの！）
を塗り込んで仕上げ。使い始めの
油染みを防ぎ、洗った後にすぐ乾
くなどの効果があります。

Profile

1973年	京都府京都市生まれ
1995年	Dakota Wesleyan University
	（米国・サウスダコタ州）で陶芸を始める
1998年	追手門大学経済学部卒業
2000年	岐阜県多治見市意匠研究所技術科修了
2000年	板橋廣美氏に師事
2004年	独立
2005年	大阪府高槻市に築窯
2015年	陶器ブランド「su-nao home」展開開始
	陶芸教室も運営

"こういう絵を付けたんや"って
目にするときが楽しみ。

私がろくろをわからないから
思いもよらないものが
生まれるのかな。

原 稔

Artisan's × talk

原 依子

Minoru Hara
1971年京都府京都市生まれ。1990
年京都府立陶工高等技術専門校成型
科修了。1991年京都市立工業試験所
本科修了、同年に父・原清和に師事。
2015年二代原清和を襲名。受賞多数。

Yoriko Hara
1969年京都府京都市生まれ。
結婚、出産後に京都府立陶工高
等技術専門校図案科で絵付けを
学ぶ。2009年京都清水焼展経
済産業大臣賞受賞。

嫌なことがあった夜に
使ってもらえるようなうつわを作りたい。
——（原依子）

美しい形に絵付けされた華やかな文様といちごなどの愛らしいモチーフ——
原稔さん、依子さんご夫妻の手がける作品は、繊細でありながら遊び心が溢れています。
これらのうつわがどのようにして生み出されているのかを知りたくて、
京都・炭山の工房を訪ねてみました。

　京焼・清水焼の窯元が軒を並べる緑豊かな里
山、炭山の一角に原夫妻の工房がある。本来茶
陶の窯元である工房の中は広々としており、どこ
となく職人の緊張感が漂う。

　共作では、稔さんが成形を、依子さんが絵付
けを担う。稔さんのろくろの腕前は、同業者か
ら一目置かれるほど。そのため作品の形を決め
る際は主に稔さんに決定権があるという。

「基本的には任されていますね。"こういう雰囲
気で"と言われて、"この形ならろくろでできるよ"
とか」（稔さん）

稔さんの代表作「シアン」シリーズ。美しい貫入と透明感の
ある水色のコントラストが印象的。

稔さんの「金彩三島」と、依子さんの絵付けのうつわ。こう
して並べても調和が取れているのは夫婦だからこそ。

「サイズ感は伝えますが、"ころんとしてかわい
い形"とかアバウトに。私はろくろのことを知ら
ないし、主人は絵付けのことはわからない。そ
のおかげで思いもよらないものが生まれやすい
のかもしれませんね」（依子さん）

　例えば、稔さんが十個作ったぐい呑みの形が
すべて違ったことがあった。形が違えば一つず
つ絵柄のデザインも変えざるを得ない。それは
かなり骨の折れる作業だが、絵付けを知らない
側にとってはどれだけ大変かが想像できない。
逆に依子さんも、「もっと平らにして」などと成
形の苦労を知らずに要望を出すこともある。し
かし、「大変だからやめてこう」という縛りがな
い分、自由な発想で作品が生み出せる。

「作品ができ上がって、"こういう絵を付けたん
や"って目にするときが楽しみですね」（稔さん）

　依子さんの絵付けは、繊細な小紋柄と、いち
ごやさくらんぼ、雪うさぎなどかわいらしい絵と

うつわは料理が盛り付けられて
はじめて完成と思っています。——（原稔）

の対比が印象的だ。

「小紋が好きなのは、着物好きだった母親の影響かなと思います。いちごなどを描くのは、"くずし"というか。小紋とかきっちりとした絵の中にくだけた要素を入れることで、やわらかい雰囲気を出したかったんです」（依子さん）

このような見た目のかわいらしさや完成度の高いデザインに惹かれて原夫妻のうつわを求める人も多いが、ともに大切にしているのは「使ってもらえるうつわ」であるということ。

「使い勝手とか、料理を盛ったとき柄はこう見えたほうがいい、といったところは意識しています。うつわは料理が盛り付けられてはじめて完成、と思っていますから」（稔さん）

「疲れたり嫌なことがあった夜に、"このお茶碗

父の代から続く茶陶の窯元を継いだ稔さんは、急須作りはお手のもの。絵付けは依子さん。

でご飯食べよ""この湯呑みでお茶飲も"と使ってもらえるようなうつわを作りたい。それで気分が晴れたらありがたいですね」（依子さん）

後生大事に食器棚の奥にしまわれるより、使いたいときにすっと取り出せるところに置いてもらえるうつわ——人に寄り添ううつわ作りが二人の本分だ。最後に、その思いが使い手に届いたエピソードを。

「依子さんのご飯茶碗を買っていただた方のお話で。お母さんが病気で食が細くなってしまったそうなんですが、"このかわいらしいお茶碗だったら食べてくれる"って」（稔さん）

「その話を聞いて、すっごくうれしかった」（依子さん）

料理屋からの依頼で作った醤油差し。醤油を差すときに蓋が落ちないように工夫されている。

傍目からは、明るくてチャキチャキした依子さん、優しくおっとり型の稔さん、と映りますが、
実際は稔さんがけっこう主導権を握っているそう。
「もっと優しくしてもらいたい」と冗談交じりにこぼす依子さんですが、
終始笑顔でやり取りする様子からは、夫唱婦随の素敵な関係性がうかがえます。
なごやかな人柄のお二人が作る作品から今後も目が離せません。

Chapter **4**

人気インスタグラマーに学ぶ
うつわコーデの
アイデア 10

Instagramはうつわ使いのアイデアの宝庫。
人気インスタグラマーの方々がアップしている
日々のお料理写真をお手本に、
みなさんも実践できる工夫やヒントを紹介します。
気になった人がいれば即フォローを！

トレイを使って
うつわ合わせにまとまりを。

maki さん | Instagram ID : ururun_u.u |

兵庫県在住、夫と2人暮らし。著書に『丁寧に暮らす。器と料理、四季の彩り』（エムディエヌコーポレーション刊）
好きなうつわ作家 ● 清岡幸道／高塚和則／永木 卓／永島義教

丸、隅切り、八角とさまざま
な形のトレイに、とてもバラ
ンスよくうつわをレイアウト
するのが得意なmakiさん。
それぞれが個性的な形のう
つわも、トレイ使いによって
まとまりが生まれます。

日々のうつわ使いは、そのとき
のインスピレーション。まずメ
インのうつわを決めてから、そ
れに合わせて小鉢や豆皿を合
わせます。メイン皿がシンプ
ルなら、ほかは輪花や絵付け
など少し華やかさをプラス。
うつわ合わせのポイントは、う
つわの高低差を意識すること。
奥に背の高いうつわを置き、
全体を見たときにお料理すべ
てが見えるようにしています。

丸、四角、楕円、ひし形——実にさまざま
な形のうつわを使っても、トレイにのせ
れば自然とまとまって見えます。

釜めしが主役のうつわ合わせ。釜と丸盆
の曲線に沿うようにうつわを配すると、
バランスのいいレイアウトに。

お弁当箱のなかには、
詰め方のアイデアがいっぱい。

みずか さん　| Instagram ID : xmizukax |

東京深川で3頭のダックスと夫といっしょに下町暮らし。著書に『曲げわっぱで"魅せ弁"！』（オーバーラップ刊）
好きなうつわ作家 ● 藤原 純／安福由美子／奥田 章／木下和美／su-nao home／柴田慶信商店（曲げわっぱ）

みずかさんは、曲げわっぱを
はじめとするお弁当箱の料
理を美味しく見せる達人！
詰め方の手順をInstagram
の動画「お弁当現場」で見
られるので、すぐに真似した
くなります。ていねいな飾り
切りは、普段のうつわ使いに
も生かせるので必見。

From Instagramer

趣味で集めた30個を超えるお
弁当箱のなかから毎日違うも
のを選び、日々のお弁当をIn
stagramにアップしています。
天然素材のものが多いので、
傷めないように、長く使えるよ
うにという気持ちで使ってい
ます。「好きなものだけに囲ま
れて暮らしたい」と思い、少し
ずつ作家もののうつわを集め
ています。

横長曲げわっぱのお弁当箱には、花を模
したのり巻きを詰めて印象的に。

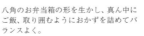

八角のお弁当箱の形を生かし、真ん中に
ご飯、取り囲むようにおかずを詰めてバ
ランスよく。

目にもおいしい
小皿豆皿のうつわ合わせ。

YOKO さん　　｜ Instagram ID : yoko_0u.u0 ｜

東京都在住、3人家族、会社員。
好きなうつわ作家 ● 伊藤聡信／小澤基晴／心和庵（中里博彦・博恒）／松浦コータロー

小皿や豆皿をふんだんに
使ったうつわ合わせが楽し
い、YOKOさんのおうちご
はん。にぎやかですが、うつ
わの形や装飾、素材感のセ
レクト、お料理の盛り付け方
で品よくまとめているのはさ
すがです。

From Instagramer

左手前にごはん、右手前に汁
物、右奥に主菜と、なるべく正
しい配膳を崩さないように意
識しています。そのうえで陶
器、磁器、ガラスをかけ合わ
せて変化を付けたり、料理が
映えるように彩りを考えたりし
てうつわを選んでいます。
れんげや豆皿を使って盛り付
けることで、目で見ても楽しん
で食べてもらえるように心が
けています。

丸盆の形に寄せて丸皿を用い、放射状に
バランスよく配置。銀杏を盛りつけた千
鳥の小鉢がアクセントになっています。

食材が映える青と白を基調としたうつわ
でコーディネート。れんげを豆皿代わり
に使うアイデアは、すぐに取り入れられ
そう。

ワンプレートは色が決め手。
気分に合わせて使い分ける。

mai yoshimura さん | Instagram ID : maimaimai_kumako |

東京都在住、夫と子どもたちの4人家族、専業主婦。掲載本に『わたしたちの「作り置き献立」』（マイナビ出版刊）がある。
好きなうつわ作家 ● 池田大介／井上 茂／小澤基晴／藤原 純／安福由美子

お子さんがいるmaiさんの食卓には、ワンプレートとおにぎりの組み合わせがたびたび登場。食材を引き立てるお皿の色、お料理の盛り付け方にとてもセンスが感じられます。添えの小皿や箸置きなどに遊び心が感じられるのも◎。

From Instagramer

最初にメインを盛り付けるうつわを決めます。「黒っぽいうつわに色の濃い食材のお料理を盛り付け、パリッと色味を引き立ててカッコよく」とか、「色味の淡いうつわを使って、ふんわり可愛い盛り付けに」などとイメージします。そして、メインに合わせて副菜のうつわを選ぶようにしています。渋いうつわが好みですが、それにかわいらしいうつわや、くすりと笑えるうつわを合わせるのも好きです。

お母さんとお子さんのお皿をおそろいにせず、あえて色や質感、装飾が異なるものを用いているのが素敵に映ります。幸せな家族の風景が目に浮かぶようです。

オーバルを主役にして
食卓全体をバランスよく。

なおさん　| Instagram ID : nao__pyon |

兵庫県在住、夫と次女の3人暮らし。嫁いだ長女と孫が2人。掲載本に『みんなの丁寧な暮らし日記』（翔泳社刊）がある。
好きなうつわ作家 ● 加藤あゐ／うつわ うたたね／村上直子／安福由美子

なおさんはオーバル皿使いがとても上手。オーバル皿をメインに据え、それに合わせて副菜のうつわをコーデすることで、食卓全体がとてもバランスよく見えます。うつわのデザインはバラエティ豊かですが、無彩色で統一されているので調和が取れています。

From Instagramer

お料理を作るときの一番の楽しみは、うつわを選ぶ時間。始めにメインのお料理に合ううつわを決め、それに合わせて副菜のうつわを選びます。メインがオーバルや長皿の場合は、副菜は丸いものや少し高さのあるものに、といった具合です。たくさんうつわを並べるので、全体のバランスがよく見えるように工夫しています。かわいくコーディネートしたいときは白いうつわを多めに、渋めに格好よく整えたいときは黒や茶色を多くするようにしています。

オーバル皿や長皿は、食卓のスペースを有効に使えるのでおすすめ。なおさんもこれらをうまく取り入れたうつわ合わせをしています。シンプルな色合いのうつわが多いのも、使い回しのことをよく考えられてのことではないでしょうか。

お皿のトレイ使いが、
お菓子を上品に見せる。

chiro さん | Instagram ID : chiron223 |

4人家族。
好きなうつわ作家 ● 遠藤 岳／境 道一／中西申幸／藤原 純

chiroさんのインスタには、お菓子の写真がよくアップされています。なかでも大きめの素敵なお皿をトレイのように用いたうつわ使いは、上品な佇まい。こぢんまりとしたお菓子だからこそできる組み合わせといえるでしょう。

From Instagramer

自分自身の洋服のコーディネートと似ているのですが、色数を抑え、トーンをそろえるようにしています。また、余白を多くしてスッキリさせることで、うつわがより映えるように意識しています。
うつわの組み合わせはそのときの閃きで合わせていますが、展示会に行ったときは「このうつわをこう使うのはどうだろう」「こう合わせればさらに素敵になるんじゃないか」とアレコレ考えてはニヤニヤしています。これが至福の時です（笑）。

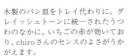

ハロウィンのお茶の時間。プレート使いのお皿の上には、かわいらしいおばけの和菓子に負けない存在感のしのぎ台皿。高低差の付け方が面白いうつわ合わせです。

木製のパン皿をトレイ代わりに。グレイッシュトーンに統一されたうつわのなかに、いちごの赤が効いており、chiroさんのセンスのよさがうかがえます。

年代もののうつわも
トーンをそろえて日常使い。

yuka..*さん　　| Instagram ID : iro.tori.dori |

宮城県在住、夫とわんこの2人と2頭暮らし。
好きなうつわ作家 ● 藤田佳三／西川 聡／山本長左

年代もののうつわを、"いま"の日常で使いこなしているyuka..*さん。たくさんのうつわで彩られたおもてなしのテーブルコーディネートは圧巻。ともするととりとめなくなりがちな骨董のうつわ合わせも、このようにトーンをそろえればしっくりなじみます。

料理にあまり手をかけられない日でもうつわはきちんと選ぶようにし、目に入ったときにおいしそう！　と感じてもらえるようなうつわ使いや盛り付けを心がけています。
たくさんの色を一度に使いすぎないように、色柄ものを使うときはトーンをできるだけそろえるようにしています。日々使っているうつわは骨董ものが多く、形や色が独特だったりしますが、そこに現代のうつわを織り交ぜながら、自由に日常のうつわ使いを楽しんでいます。

筍の煮物、オクラの豚肉巻き、瓢箪卵焼き、人参の明太子和えなどを詰めたピクニック弁当。重箱を4つに仕切って4人分に、というのはありそうでなかった発想！

骨董のうつわを取り入れたワンプレート。個性的な絵付けのうつわも、yuka..*さんの手にかかると上品な雰囲気となります。

ぬくもりの感じられる
竹ざるや木板をトレイに。

kaochan さん | Instagram ID : 4kaochan |

東京都在住、夫、長女、長男（別住居）、私の4人家族。会社員。掲載本に『365日のスープ』（KADOKAWA刊）がある。
好きなうつわ作家 ● 石川裕信／うつわ うたたね／運天達也／清岡幸道

主に朝ごはんをインスタに
アップしているkaochanさ
ん。ぬくもりのある竹ざるや
木板のトレイ使いや、季節感
を大切にした葉や花のしつ
らえは、今すぐにでも真似し
たいところ。ちなみに飯碗は
ご自身が大好きな作家、清
岡幸道さんの作品です。

From Instagramer

私の場合、まずお料理ありき
で、メニューを決めてから「こ
のお料理にはこのうつわ」と
いった具合にうつわを選んで
います。仕事中の空き時間に
メモのような絵を描いて、この
うつわが合うかな？　などと
考えて、帰宅してから実際に
うつわを並べて決めています。
私にとって、うつわはお花と同
じ感覚のもの。季節感やその
ときの気持ちを表すものであ
り、暮らしを彩ってくれるもの。
ですから、写真にはなるべく
季節のお花や木も、一緒に写
すようにしています。

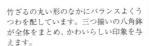

おにぎりがのった四角い竹の皿は、50年
ほど前から母親が使っていたものだそ
う。木板のトレイと相まって、温かみが
伝わってきます。

竹ざるの丸い形のなかにバランスよくう
つわを配しています。三つ揃いの八角鉢
が全体をまとめ、かわいらしい印象を与
えます。

見習いたい、
季節感のある自由なうつわ使い。

のんさん ｜ Instagram ID : non_la_non ｜

大阪府在住、夫、社会人と中学生、小学生の3人の子どもの5人家族。発酵食スペシャリスト。毎日のおうちごはんに取り入れられる発酵食を研究中。
好きなうつわ作家 ● 好きな作家は数え切れず。手持ちは磁器が多くで、なかでも九州の陶磁器が使いやすく気に入っています。

のんさんのうつわ合わせからは、その時々の季節が感じられます。例えば夏であれば、ガラス素材のうつわのワンポイント使いで涼やかさを演出しています。爽やかな緑のしつらえも素敵です。

From Instagramer

お料理とうつわは二つで一つ、相性が大切だと思っています。絵を仕上げていくようにうつわを合わせると楽しいですよ。うつわや小物などの材質や色使いを生かし、季節ごとの美しさが感じられるようにしつらえています。
暮らしに寄り添ってくれるうつわが、自分にとってのよいうつわだと思っているので、ご縁あって出会えたうつわを長く大切に使っていきたいです。

サラダというとガラスや木素材のサラダボウルなどを選びがちですが、染付絵皿に盛り付けることで主役のように引き立てています。香の物をのせたガラスの小鉢がいいアクセントに。

酒器を小鉢使いしたり、角鉢にご飯もの、中鉢に汁ものをよそったり——のんさんが自由にうつわと料理の組み合わせを楽しんでいることがうかがえます。

木箱のなかにおばんざい。
それはおいしい宝石箱。

kayoko さん | Instagram ID : km.rek |

東京都在住、夫、小中高校生3人の子ども、母と6人暮らし。季節の食材を使った料理とうつわを愉しむ料理教室「季節のおばんざいとうつわを愉しむ会」を主宰。

好きなうつわ作家 ● 井上 茂／落合芝地／清岡幸道／心和庵（中里博彦・博恒）／花岡 央／平岡 仁

料理教室を主宰されているkayokoさん。木箱をトレイのように使う発想はさすがです。小鉢や豆皿など小さなうつわに盛られた"おばんざい"は、まるで宝石のようにきらびやかです。

From Instagramer

日々の食卓でよく使う形やサイズを把握し、それに合うものを購入します。形やサイズさえそろっていれば、異なる作家さんのものでもうつわ合わせに困りません。
柄や色は普段よく使っているものと合うか、食卓にのせたときや料理を盛ったときの姿を想像できるかが大切。お店と違い家庭では複数のうつわが同時にテーブルに並ぶので、個性が強いうつわが欲しいときはよく吟味することを心がけています。

3人分のおせち料理を木箱に盛り付け。箱のなかに小さなうつわを並べていく時間も楽しいそうです。

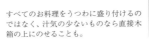

すべてのお料理をうつわに盛り付けるのではなく、汁気の少ないものなら直接木箱の上にのせることも。

本書で紹介したうつわ作家 (五十音順) ✉ e-mail ⓘ instagram 🌐 URL ⌂ address

荒賀文成 ☞ P.30, P.59, P.65
ⓘ kourakuyou

幾田晴子 ☞ P.46, P.59, P.61
✉ ikutaseiko@maia.eonet.ne.jp
ⓘ ikuta_seiko

池田大介 ☞ P.49, P.58, P.60
ⓘ daisukeikeda.potter
🌐 https://www.ikedadaisuke.com

石川裕信 ☞ P.48, P.63
✉ hisp632@gmail.com
ⓘ ishikawa_hironobu

石渡磨美 ☞ P.62, P.72, P.73
🌐 https://utsuwa365.tumblr.com

市野吉記 ☞ P.30, P.42
✉ prince2069@gmail.com
ⓘ kouho_gama

岩﨑 翔 ☞ P.42, P.44, P.58
🌐 https://iwakagu.com

うつわ うたたね ☞ P.40, P.70, P.86
✉ utsuwa.utatane@gmail.com
ⓘ utsuwa.utatane

大井寛史 ☞ P.46, P.64, P.66
ⓘ hiroshi_o_i

大浦裕記 ☞ P.30, P.34
ⓘ oourahiroki
🌐 https://www.hirokiooura.com

大原拓也 ☞ P.30, P.71
✉ craft-k.takuya1972@gaia.eonet.ne.jp
⌂ 滋賀県甲賀市信楽町神山1505-1

岡 悠 ☞ P.65, P.68
✉ info@younotake.com
🌐 http://younotake.com

加藤祥孝 ☞ P.30, P.47, P.52, P.64
ⓘ yoshitaka__kato

黒木泰等 ☞ P.52, P.59
ⓘ kuroki_taira

高塚和則 ☞ P.45, P.46, P.66
ⓘ kazunorikoutsuka
🌐 https://gen-woodwork.com

su-nao home ☞ P.34, P.71, P.108
✉ su_nao_home@yahoo.co.jp
ⓘ sunaohome

須原健夫 ☞ P.60, P.61, P.72
ⓘ yutacraft

高島大樹
☞ P.41, P.42, P.44, P.50, P.52, P.76, P.80
ⓘ daiki_takashima

高田志保 ☞ P.50, P.57, P.61, P.90
ⓘ takadashiho

竹口 要 ☞ P.49, P.70
🌐 https://www.utsuwakobako.com

田路宏一 ☞ P.38, P.45, P.64
✉ toji@yama-kagu.com
🌐 http://yama-kagu.com

田中大喜 ☞ P.46, P.57, P.66
✉ kotan.dt@ezweb.ne.jp

谷井直人 ☞ P.47, P.88
ⓘ taniinaoto
🌐 http://naotora.com

蝶野秀紀 ☞ P.48, P.64
ⓘ chono.hideki

寺嶋綾子 ☞ P.34, P.67
ⓘ ayako.terashima

寺田昭洋 ☞P.58
kobo_terada

寺村光輔 ☞P.58
kousuke.teramura
http://kousuketeramura.com

堂本正樹 ☞P.42
domoto1971@gmail.com
domoto.tokobo.shop

TOKINOHA ☞P.34, P.55, P.65, P.71
tokinoha_kyoto

中西申幸 ☞P.41, P.44, P.46
kohboh.12.1@gmail.com
s.nakanishi

中根 嶺 ☞P.56, P.61, P.70
ren_nakane
http://ren-craftwork.com

西本卓也 ☞P.37
sen_kyoto

額賀円也 ☞P.44, P.57, P.58, P.63, P.104
岐阜県土岐市

はしもとさちえ ☞P.34, P.54, P.72, P.73, P.102
sachie_hashimoto

蓮尾寧子 ☞P.55
shizukohasuo

原 稔 ☞P.110
hara_minoru

原 依子 ☞P.60, P.61, P.110
yorikohara

平岡 仁 ☞P.45, P.58, P.64, P.76, P.80
zinhiraoka@gmail.com
zin_hiraoka

藤原 純 ☞P.54, P.58, P.62, P.70, P.92, P.96
jin0815

古谷浩一 ☞P.30, P.34, P.38, P.62
hirokazu_furutani

前田麻美 ☞P.46, P.58, P.61, P.66
asamimaed@gmail.com
maedasami

増田哲士 ☞P.42, P.44, P.49
stsmsd

松尾直樹 ☞P.53, P.58
nao.pon

松本郁美 ☞P.48, P.56, P.61, P.106
ikumi.matsumoto
https://ikumi-ceramic.com

マルヤマウエア ☞P.34, P.61, P.69, P.70
maruyamaware

三浦侑子 ☞P.68, P.69
https://bamboo-glassworks.com

見野大介 ☞P.59
mino@studio-hachidori.com
minobird

森谷和輝 ☞P.59, P.68
liir1116
http://www.liir1116.com

安福由美子 ☞P.44, P.62, P.68, P.70, P.72, P.92, P.94
yumikoyasufuku

山本雅則 ☞P.30, P.38, P.62
masanoriyamamoto03@gmail.com
kouzangama

和田山真央 ☞P.44, P.59, P.63, P.67
masahirowadayama
和歌山県和歌山市加太1286-3

【著者略歴】

安野久美子（Kumiko Yasuno）

手仕事によるうつわと食の道具を取り扱うギャラリー「UTSUWA KESHIKI」店主。モデル活動を経てデザイン事務所に勤務、グラフィック／エディトリアルデザインを手がける。独立後、ヘアサロンを開業。2018年5月、UTSUWA KESHIKIを東京・赤坂にオープン。

選ぶ。そろえる。合わせる。

うつわ使いがもっと楽しくなる本。

2020年7月18日　初版第1刷発行
2024年3月28日　　　第8刷発行

著　者 .... 安野久美子

発行者 .... 三輪浩之
発行所 .... 株式会社エクスナレッジ
　　　　　　　　　〒106-0032　東京都港区六本木7-2-26
　　　　　　　　　https://www.xknowledge.co.jp/

問合せ先
編集 .... TEL 03-3403-5898／FAX 03-3403-0582／info@xknowledge.co.jp
販売 .... TEL 03-3403-1321／FAX 03-3403-1829